PRÉFACE

La collection de guides de conversation "Tout ira bien!", publié par T&P Books, est conçue pour les gens qui voyagent par affaire ou par plaisir. Les guides de conversations contiennent le plus important - l'essentiel pour la communication de base. Il s'agit d'une série indispensable de phrases pour survivre à l'étranger.

Ce guide de conversation vous aidera dans la plupart des cas où vous devez demander quelque chose, trouver une direction, découvrir le prix d'un souvenir, etc. Il peut aussi résoudre des situations de communication difficile lorsque la gesticulation n'aide pas.

Le livre contient beaucoup de phrases qui ont été groupées par thèmes. Vous trouverez aussi un vocabulaire des 3000 mots les plus couramment utilisés. Une autre section du guide contient un glossaire gastronomique qui peut être utile lorsque vous faites le marché ou commandez des plats au restaurant.

Emmenez avec vous un guide de conversation "Tout ira bien!" sur la route et vous aurez un compagnon de voyage irremplaçable qui vous aidera à vous sortir de toutes les situations et vous enseignera à ne pas avoir peur de parler aux étrangers.

TABLE DES MATIÈRES

T&P Books Publishing

Collection de guides de conversation
"Tout ira bien!"

T&P Books Publishing

GUIDE DE CONVERSATION

— OUZBEK —

Par Andrey Taranov

LES PHRASES LES PLUS UTILES

Ce guide de conversation
contient les phrases et
les questions les plus
communes et nécessaires
pour communiquer avec
des étrangers

T&p BOOKS

Guide de conversation + dictionnaire de 3000 mots

Guide de conversation Français-Ouzbek et vocabulaire thématique de 3000 mots

Par Andrey Taranov

La collection de guides de conversation "Tout ira bien!", publiée par T&P Books, est conçue pour les gens qui voyagent par affaire ou par plaisir. Les guides contiennent l'essentiel pour la communication de base. Il s'agit d'une série indispensable de phrases pour "survivre" à l'étranger.

Ce livre inclut un dictionnaire thématique qui contient près de 3000 des mots les plus fréquemment utilisés. Une autre section du guide contient un glossaire gastronomique qui peut être utile lorsque vous faites le marché ou commandez des plats au restaurant.

T&P Books Publishing
www.tpbooks.com

ISBN: 978-1-78616-790-3

Ce livre existe également en format électronique.
Pour plus d'informations, veuillez consulter notre site: www.tpbooks.com ou rendez-vous sur ceux des grandes librairies en ligne.

PRONONCIATION

Lettre	Exemple en ouzbek	Alphabet phonétique T&P	Exemple en français
A a	satr	[a]	classe
B b	kutubxona	[b]	bureau
D d	marvarid	[d]	document
E e	erkin	[e]	équipe
F f	mukofot	[f]	formule
G g	girdob	[g]	gris
G' g'	g'ildirak	[ɣ]	g espagnol - amigo, magnífico
H h	hasharot	[h]	[h] aspiré
I i	kirish	[i], [iː]	faillite
J j	natija	[dʒ]	adjoint
K k	namlik	[k]	bocal
L l	talaffuz	[l]	vélo
M m	tarjima	[m]	minéral
N n	nusxa	[n]	ananas
O o	bosim	[ɔ], [o]	acrobate
O' o'	o'simlik	[ø]	peu profond
P p	polapon	[p]	panama
Q q	qor	[q]	cadeau
R r	rozilik	[r]	racine, rouge
S s	siz	[s]	syndicat
T t	tashkilot	[t]	tennis
U u	uchuvchi	[u]	boulevard
V v	vergul	[w]	iguane
X x	xonadon	[ɦ]	anglais - behind, finnois - raha
Y y	yigit	[j]	maillot
Z z	zirak	[z]	gazeuse
ch	chang	[tʃ]	match
sh	shikoyat	[ʃ]	chariot
' '	san'at	[ː], [--]	muet

Remarques

[1] [:] - Allonge la voyelle précédente; après consonnes est utilisé comme un «signe dur»

LISTE DES ABRÉVIATIONS

Abréviations en français

adj	-	adjective
adv	-	adverbe
anim.	-	animé
conj	-	conjonction
dénombr.	-	dénombrable
etc.	-	et cetera
f	-	nom féminin
f pl	-	féminin pluriel
fam.	-	familiar
fem.	-	féminin
form.	-	formal
inanim.	-	inanimé
indénombr.	-	indénombrable
m	-	nom masculin
m pl	-	masculin pluriel
m, f	-	masculin, féminin
masc.	-	masculin
math	-	mathematics
mil.	-	militaire
pl	-	pluriel
prep	-	préposition
pron	-	pronom
qch	-	quelque chose
qn	-	quelqu'un
sing.	-	singulier
v aux	-	verbe auxiliaire
v imp	-	verbe impersonnel
vi	-	verbe intransitif
vi, vt	-	verbe intransitif, transitif
vp	-	verbe pronominal
vt	-	verbe transitif

T&P BOOKS

GUIDE DE CONVERSATION OUZBEK

Cette section contient
des phrases importantes
qui peuvent être utiles dans
des situations courantes.
Le guide vous aidera
à demander des directions,
clarifier le prix, acheter
des billets et commander
des plats au restaurant

T&P Books Publishing

CONTENU DU GUIDE DE CONVERSATION

T&P Books Publishing

Les essentiels

Excusez-moi, ...	**Кечирасиз, ...** Kechirasiz, ...
Bonjour	**Ассалому алайкум.** Assalomu alaykum.
Merci	**Раҳмат.** Rahmat.
Au revoir	**Кўришгунча.** Ko'rishguncha.
Oui	**Ҳа.** Ha.
Non	**Йўқ.** Yo'q.
Je ne sais pas.	**Билмайман.** Bilmayman.
Où? | Où? | Quand?	**Қаерда? | Қаерга? | Қачон?** Qaerda? | Qaerga? | Qachon?

J'ai besoin de ...	**Менга ... керак.** Menga ... kerak.
Je veux ...	**Мен ... хоҳлайман.** Men ... xohlayman.
Avez-vous ... ?	**Сизда ... борми?** Sizda ... bormi?
Est-ce qu'il y a ... ici?	**Бу ерда ... борми?** Bu erda ... bormi?
Puis-je ... ?	**Мен ... бўладими?** Men ... bo'ladimi?
s'il vous plaît (pour une demande)	**Марҳамат қилиб** Marhamat qilib

Je cherche ...	**Мен ... қидираяпман.** Men ... qidirayapman.
les toilettes	**ҳожатхона** hojatxona
un distributeur	**банкомат** bankomat
une pharmacie	**дорихона** dorixona
l'hôpital	**шифохона** shifoxona
le commissariat de police	**милиция бўлимини** militsiya bo'limini
une station de métro	**метро** metro

un taxi	**такси** taksi
la gare	**вокзал** vokzal

Je m'appelle …	**Менинг исмим …** Mening ismim …
Comment vous appelez-vous?	**Исмингиз нима?** Ismingiz nima?
Aidez-moi, s'il vous plaît.	**Менга ёрдам бериб юборинг, илтимос.** Menga yordam berib yuboring, iltimos.
J'ai un problème.	**Менда бир муаммо бор.** Menda bir muammo bor.
Je ne me sens pas bien.	**Аҳволим ёмон.** Ahvolim yomon.
Appelez une ambulance!	**Тез ёрдам чақиринг!** Tez yordam chaqiring!
Puis-je faire un appel?	**Кўнғироқ қилсам бўладими?** Qo'ng'iroq qilsam bo'ladimi?

Excusez-moi.	**Узр, …** Uzr, …
Je vous en prie.	**Арзимайди** Arzimaydi

je, moi	**мен** men
tu, toi	**сен** sen
il	**у** u
elle	**у** u
ils	**улар** ular
elles	**улар** ular
nous	**биз** biz
vous	**сиз** siz
Vous	**Сиз** Siz

ENTRÉE	**КИРИШ** KIRISH
SORTIF	**ЧИҚИШ** CHIQISH
HORS SERVICE | EN PANNE	**ИШЛАМАЙДИ** ISHLAMAYDI

FERMÉ	**ЁПИҚ** YOPIQ
OUVERT	**ОЧИҚ** OCHIQ
POUR LES FEMMES	**АЁЛЛАР УЧУН** AYOLLAR UCHUN
POUR LES HOMMES	**ЭРКАКЛАР УЧУН** ERKAKLAR UCHUN

Questions

Où? (lieu)	**Қаерда?** Qaerda?
Où? (direction)	**Қаерга?** Qaerga?
D'où?	**Қаердан?** Qaerdan?
Pourquoi?	**Нимага?** Nimaga?
Pour quelle raison?	**Нима учун?** Nima uchun?
Quand?	**Қачон?** Qachon?
Combien de temps?	**Қанча вақт?** Qancha vaqt?
À quelle heure?	**Нечада?** Nechada?
C'est combien?	**Қанча туради?** Qancha turadi?
Avez-vous … ?	**Сизда … борми?** Sizda … bormi?
Où est …, s'il vous plaît?	**… қаерда жойлашган?** … qaerda joylashgan?
Quelle heure est-il?	**Соат неча бўлди?** Soat necha bo'ldi?
Puis-je faire un appel?	**Қўнғироқ қилсам бўладими?** Qo'ng'iroq qilsam bo'ladimi?
Qui est là?	**Ким у?** Kim u?
Puis-je fumer ici?	**Бу ерда чексам бўладими?** Bu erda cheksam bo'ladimi?
Puis-je …?	**Мен … бўладими?** Men … bo'ladimi?

Besoins

Je voudrais ...	**Мен ... истардим.** Men ... istardim.
Je ne veux pas ...	**Мен ... истамайман.** Men ... istamayman.
J'ai soif.	**Мен ичишни хохлайман.** Men ichishni xohlayman.
Je veux dormir.	**Мен ухлашни хохлайман.** Men uxlashni xohlayman.
Je veux ...	**Мен ... хохлайман.** Men ... xohlayman.
me laver	**ювинишни** yuvinishni
brosser mes dents	**тишларни тозалашни** tishlarni tozalashni
me reposer un instant	**бироз дам олишни** biroz dam olishni
changer de vêtements	**кийимларимни алмаштиришни** kiyimlarimni almashtirishni
retourner à l'hôtel	**мехмонхонага қайтиш** mehmonxonaga qaytish
acheter ...	**... сотиб олиш** ... sotib olish
aller à ...	**...га бориб келиш** ...ga borib kelish
visiter ...	**... зиёрат қилиш** ... ziyorat qilish
rencontrer ...	**... билан учрашиш** ... bilan uchrashish
faire un appel	**қўнғироқ қилиш** qo'ng'iroq qilish
Je suis fatigué /fatiguée/	**Мен чарчадим.** Men charchadim.
Nous sommes fatigués /fatiguées/	**Биз чарчадик.** Biz charchadik.
J'ai froid.	**Мен совқотдим.** Men sovqotdim.
J'ai chaud.	**Мен исиб кетдим.** Men isib ketdim.
Je suis bien.	**Менга нормал.** Menga normal.

Il me faut faire un appel.	**Қўнғироқ қилишим керак.** Qo'ng'iroq qilishim kerak.
J'ai besoin d'aller aux toilettes.	**Ҳожатхонага боришим керак.** Hojatxonaga borishim kerak.
Il faut que j'aille.	**Вақт бўлди.** Vaqt bo'ldi.
Je dois partir maintenant.	**Боришим керак.** Borishim kerak.

Comment demander la direction

Excusez-moi, ...

Кечирасиз, ...
Kechirasiz, ...

Où est ..., s'il vous plaît?

... қаерда жойлашган?
... qaerda joylashgan?

Dans quelle direction est ... ?

... қайси йўналишда жойлашган?
... qaysi yo'nalishda joylashgan?

Pouvez-vous m'aider, s'il vous plaît ?

Менга ёрдам бериб юборинг, илтимос.
Menga yordam berib yuboring, iltimos.

Je cherche ...

Мен ... қидираяпман.
Men ... qidirayapman.

La sortie, s'il vous plaît?

Мен чиқиш йўлини қидираяпман.
Men chiqish yo'lini qidirayapman.

Je vais à ...

Мен ...га кетаяпман.
Men ...ga ketayapman.

C'est la bonne direction pour ...?

Мен ...га тўғри кетаяпманми?
Men ...ga to'g'ri ketayapmanmi?

C'est loin?

Бу узоқми?
Bu uzoqmi?

Est-ce que je peux y aller à pied?

У ерга пиёда бора оламанми?
U erga piyoda bora olamanmi?

Pouvez-vous me le montrer sur la carte?

Илтимос, харитада кўрсатиб юборинг.
Iltimos, xaritada ko'rsatib yuboring.

Montrez-moi où sommes-nous, s'il vous plaît.

Ҳозир қаерда эканимизни кўрсатиб юборинг.
Hozir qaerda ekanimizni ko'rsatib yuboring.

Ici

Бу ерда
Bu erda

Là-bas

У ерда
U erda

Par ici

Бу томонга
Bu tomonga

Tournez à droite.

Ўнгга бурилинг.
O'ngga buriling.

Tournez à gauche.

Чапга бурилинг.
Chapga buriling.

Prenez la première (deuxième, troisième) rue.	**биринчи (иккинчи, учинчи) бурилиш** birinchi (ikkinchi, uchinchi) burilish
à droite	**ўнгга** o'ngga
à gauche	**чапга** chapga
Continuez tout droit.	**Тўғри боринг.** To'g'ri boring.

Affiches, Pancartes

BIENVENUE!	**ХУШ КЕЛИБСИЗ!**
	XUSH KELIBSIZ!
ENTRÉE	**КИРИШ**
	KIRISH
SORTIE	**ЧИҚИШ**
	CHIQISH

POUSSEZ	**ЎЗИНГИЗДАН**
	O'ZINGIZDAN
TIREZ	**ЎЗИНГИЗГА**
	O'ZINGIZGA
OUVERT	**ОЧИҚ**
	OCHIQ
FERMÉ	**ЁПИҚ**
	YOPIQ

POUR LES FEMMES	**АЁЛЛАР УЧУН**
	AYOLLAR UCHUN
POUR LES HOMMES	**ЭРКАКЛАР УЧУН**
	ERKAKLAR UCHUN
MESSIEURS (m)	**ЭРКАКЛАР ҲОЖАТХОНАСИ**
	ERKAKLAR HOJATXONASI
FEMMES (f)	**АЁЛЛАР ҲОЖАТХОНАСИ**
	AYOLLAR HOJATXONASI

RABAIS	SOLDES	**КАМАЙТИРИЛГАН НАРХЛАР**
	KAMAYTIRILGAN NARXLAR
PROMOTION	**СОТИБ ТУГАТИШ**
	SOTIB TUGATISH
GRATUIT	**БЕПУЛ**
	BEPUL
NOUVEAU!	**ЯНГИЛИК!**
	YANGILIK!
ATTENTION!	**ДИҚҚАТ!**
	DIQQAT!

COMPLET	**ЖОЙ ЙЎҚ**
	JOY YO'Q
RÉSERVÉ	**БУЮРТМА ҚИЛИНГАН**
	BUYURTMA QILINGAN
ADMINISTRATION	**МАЪМУРИЯТ**
	MA'MURIYAT
PERSONNEL SEULEMENT	**ФАҚАТ ХОДИМЛАР УЧУН**
	FAQAT XODIMLAR UCHUN

ATTENTION AU CHIEN!	**ҚОПОНҒИЧ ИТ** QOPONG'ICH IT
NE PAS FUMER!	**ЧЕКИЛМАСИН!** CHEKILMASIN!
NE PAS TOUCHER!	**ҚЎЛ БИЛАН ТЕГИЛМАСИН** QO'L BILAN TEGILMASIN
DANGEREUX	**ХАТАРЛИ** XATARLI
DANGER	**ХАТАР** XATAR
HAUTE TENSION	**ЮҚОРИ КУЧЛАНИШ** YUQORI KUCHLANISH
BAIGNADE INTERDITE!	**ЧЎМИЛИШ ТАҚИҚЛАНГАН** CHO'MILISH TAQIQLANGAN

HORS SERVICE | EN PANNE	**ИШЛАМАЙДИ** ISHLAMAYDI
INFLAMMABLE	**ЁНҒИНДАН ХАВФЛИ** YONG'INDAN XAVFLI
INTERDIT	**ТАҚИҚЛАНГАН** TAQIQLANGAN
ENTRÉE INTERDITE!	**ЎТИШ ТАҚИҚЛАНГАН** O'TISH TAQIQLANGAN
PEINTURE FRAÎCHE	**БЎЯЛГАН** BO'YALGAN

FERMÉ POUR TRAVAUX	**ТАЪМИРЛАШГА ЁПИЛГАН** TA'MIRLASHGA YOPILGAN
TRAVAUX EN COURS	**ТАЪМИРЛАШ ИШЛАРИ** TA'MIRLASH ISHLARI
DÉVIATION	**АЙЛАНМА ЙЎЛ** AYLANMA YO'L

Transport - Phrases générales

avion	**учоқ** uchoq
train	**поезд** poezd
bus, autobus	**автобус** avtobus
ferry	**паром** parom
taxi	**такси** taksi
voiture	**машина** mashina

horaire	**жадвал** jadval
Où puis-je voir l'horaire?	**Жадвални қаерда кўриш мумкин?** Jadvalni qaerda ko'rish mumkin?
jours ouvrables	**иш кунлари** ish kunlari
jours non ouvrables	**дам олиш кунлари** dam olish kunlari
jours fériés	**байрам кунлари** bayram kunlari

DÉPART	**ЖЎНАШ** JO'NASH
ARRIVÉE	**КЕЛИШ** KELISH
RETARDÉE	**УШЛАНИБ ҚОЛДИ** USHLANIB QOLDI
ANNULÉE	**ҚОЛДИРИЛДИ** QOLDIRILDI

prochain (train, etc.)	**кейинги** keyingi
premier	**биринчи** birinchi
dernier	**охирги** oxirgi

À quelle heure est le prochain …?	**Кейинги … қачон бўлади?** Keyingi … qachon bo'ladi?
À quelle heure est le premier …?	**Биринчи … қачон жўнайди?** Birinchi … qachon jo'naydi?

À quelle heure est le dernier ...?

Охирги ... қачон жўнайди?
Oxirgi ... qachon jo'naydi?

correspondance

бошқага ўтиш
boshqaga o'tish

prendre la correspondance

бошқага ўтиб олиш
boshqaga o'tib olish

Dois-je prendre la correspondance?

Мен бошқага ўтиб олишим керакми?
Men boshqaga o'tib olishim kerakmi?

Acheter un billet

Où puis-je acheter des billets?	**Мен қаерда чипта сотиб олишим мумкин?** Men qaerda chipta sotib olishim mumkin?
billet	**чипта** chipta
acheter un billet	**чипта сотиб олиш** chipta sotib olish
le prix d'un billet	**чипта нархи** chipta narxi
Pour aller où?	**Қаерга?** Qaerga?
Quelle destination?	**Қайси бекатгача?** Qaysi bekatgacha?
Je voudrais ...	**Менга ... керак.** Menga ... kerak.
un billet	**битта чипта** bitta chipta
deux billets	**иккита чипта** ikkita chipta
trois billets	**учта чипта** uchta chipta
aller simple	**бир томонга** bir tomonga
aller-retour	**бориб келишга** borib kelishga
première classe	**биринчи класс** birinchi klass
classe économique	**иккинчи класс** ikkinchi klass
aujourd'hui	**бугун** bugun
demain	**эртага** ertaga
après-demain	**эртадан кейин** ertadan keyin
dans la matinée	**эрталаб** ertalab
l'après-midi	**кундузи** kunduzi
dans la soirée	**кечқурун** kechqurun

siège côté couloir

йўлак ёнидаги жой
yo'lak yonidagi joy

siège côté fenêtre

дераза ёнидаги жой
deraza yonidagi joy

C'est combien?

Қанча?
Qancha?

Puis-je payer avec la carte?

**Мен карточка билан тўлашим
мумкинми?**
Men kartochka bilan to'lashim
mumkinmi?

L'autobus

bus, autobus	**автобус** avtobus
autocar	**шаҳарлараро автобус** shaharlararo avtobus
arrêt d'autobus	**автобус бекати** avtobus bekati
Où est l'arrêt d'autobus le plus proche?	**Энг яқин автобус бекати қаерда?** Eng yaqin avtobus bekati qaerda?

numéro	**рақам** raqam
Quel bus dois-je prendre pour aller à …?	**...гача қайси автобус боради?** ...gacha qaysi avtobus boradi?
Est-ce que ce bus va à …?	**Бу автобус ...гача борадими?** Bu avtobus ...gacha boradimi?
L'autobus passe tous les combien?	**Автобуслар қанчалик тез юриб туради?** Avtobuslar qanchalik tez yurib turadi?

chaque quart d'heure	**ҳар ўн беш дақиқада** har o'n besh daqiqada
chaque demi-heure	**ҳар ярим соатда** har yarim soatda
chaque heure	**ҳар соатда** har soatda

plusieurs fois par jour	**кунига бир неча маротаба** kuniga bir necha marotaba
… fois par jour	**... маротаба кунига** ... marotaba kuniga

horaire	**жадвал** jadval
Où puis-je voir l'horaire?	**Жадвални қаерда кўриш мумкин?** Jadvalni qaerda ko'rish mumkin?

À quelle heure passe le prochain bus?	**Кейинги автобус қачон бўлади?** Keyingi avtobus qachon bo'ladi?
À quelle heure passe le premier bus?	**Биринчи автобус қачон жўнайди?** Birinchi avtobus qachon jo'naydi?
À quelle heure passe le dernier bus?	**Охирги автобус қачон жўнайди?** Oxirgi avtobus qachon jo'naydi?

arrêt	**бекат** bekat
prochain arrêt	**кейинги бекат** keyingi bekat
terminus	**охирги бекат** oxirgi bekat
Pouvez-vous arrêter ici, s'il vous plaît.	**Шу ерда тўхтатинг, илтимос.** Shu erda to'xtating, iltimos.
Excusez-moi, c'est mon arrêt.	**Тўхтатворинг, бу менинг бекатим.** To'xtatvoring, bu mening bekatim.

Train

train	**поезд** poezd
train de banlieue	**шаҳар атрофига қатнайдиган поезд** shahar atrofiga qatnaydigan poezd
train de grande ligne	**ўзоққа қатнайдиган поезд** o'zoqqa qatnaydigan poezd
la gare	**вокзал** vokzal
Excusez-moi, où est la sortie vers les quais?	**Кечирасиз, поездларга чиқиш қаерда?** Kechirasiz, poezdlarga chiqish qaerda?

Est-ce que ce train va à …?	**Бу поезд …гача борадими?** Bu poezd …gacha boradimi?
le prochain train	**кейинги поезд** keyingi poezd
À quelle heure est le prochain train?	**Кейинги поезд қачон бўлади?** Keyingi poezd qachon bo'ladi?
Où puis-je voir l'horaire?	**Жадвални қаерда кўриш мумкин?** Jadvalni qaerda ko'rish mumkin?
De quel quai?	**Қайси платформадан?** Qaysi platformadan?
À quelle heure arrive le train à …?	**Поезд …га қачон келади?** Poezd …ga qachon keladi?

Pouvez-vous m'aider, s'il vous plaît?	**Ёрдам берворинг, илтимос.** Yordam bervoring, iltimos.
Je cherche ma place.	**Мен ўз жойимни қидираяпман.** Men o'z joyimni qidirayapman.
Nous cherchons nos places.	**Биз жойларимизни қидираяпмиз.** Biz joylarimizni qidirayapmiz.
Ma place est occupée.	**Менинг жойим эгалланибди.** Mening joyim egallanibdi.
Nos places sont occupées.	**Жойларимиз эгалланибди.** Joylarimiz egallanibdi.

Excusez-moi, mais c'est ma place.	**Кечирасиз, аммо бу менинг жойим.** Kechirasiz, ammo bu mening joyim.
Est-ce que cette place est libre?	**Бу жой бўшми?** Bu joy bo'shmi?
Puis-je m'asseoir ici?	**Мен бу ерса ўтира оламанми?** Men bu ersa o'tira olamanmi?

Sur le train - Dialogue (Pas de billet)

Votre billet, s'il vous plaît.	**Чиптангизни кўрсатинг, илтимос.** Chiptangizni ko'rsating, iltimos.
Je n'ai pas de billet.	**Чиптам йўқ.** Chiptam yo'q.
J'ai perdu mon billet.	**Мен чиптамни йўқотиб қўйдим.** Men chiptamni yo'qotib qo'ydim.
J'ai oublié mon billet à la maison.	**Мен чиптамни уйда қолдирибман.** Men chiptamni uyda qoldiribman.
Vous pouvez m'acheter un billet.	**Чиптани мендан сотиб олишингиз мумкин.** Chiptani mendan sotib olishingiz mumkin.
Vous devrez aussi payer une amende.	**Сиз жарима тўлашингизга тўғри келади.** Siz jarima to'lashingizga to'g'ri keladi.
D'accord.	**Яхши.** Yaxshi.
Où allez-vous?	**Қаерга кетаяпсиз?** Qaerga ketayapsiz?
Je vais à ...	**Мен ...гача кетаяпман.** Men ...gacha ketayapman.
Combien? Je ne comprend pas.	**Қанча? Тушунмаяпман.** Qancha? Tushunmayapman.
Pouvez-vous l'écrire, s'il vous plaît.	**Ёзиб беринг, илтимос.** Yozib bering, iltimos.
D'accord. Puis-je payer avec la carte?	**Яхши. Мен карточка билан тўлашим мумкинми?** Yaxshi. Men kartochka bilan to'lashim mumkinmi?
Oui, bien sûr.	**Ҳа, мумкин.** Ha, mumkin.
Voici votre reçu.	**Бу сизнинг квитанциянгиз.** Bu sizning kvitantsiyangiz.
Désolé pour l'amende.	**Жаримадан пушаймондаман.** Jarimadan pushaymondaman.
Ça va. C'est de ma faute.	**Ҳечқиси йўқ. Бу менинг айбим.** Hechqisi yo'q. Bu mening aybim.
Bon voyage.	**Яхши етиб боринг.** Yaxshi etib boring.

Taxi

taxi	**такси** taksi
chauffeur de taxi	**таксичи** taksichi
prendre un taxi	**такси ушламоқ** taksi ushlamoq
arrêt de taxi	**такси бекати** taksi bekati
Où puis-je trouver un taxi?	**Қаердан такси олишим мумкин?** Qaerdan taksi olishim mumkin?
appeler un taxi	**такси чақирмоқ** taksi chaqirmoq
Il me faut un taxi.	**Менга такси керак.** Menga taksi kerak.
maintenant	**Айнан ҳозир.** Aynan hozir.
Quelle est votre adresse?	**Сизнинг манзилингиз?** Sizning manzilingiz?
Mon adresse est ...	**Менинг манзилим ...** Mening manzilim ...
Votre destination?	**Қаерга борасиз?** Qaerga borasiz?
Excusez-moi, ...	**Кечирасиз, ...** Kechirasiz, ...
Vous êtes libre ?	**Бўшмисиз?** Bo'shmisiz?
Combien ça coûte pour aller à ...?	**...гача бориш қанча туради?** ...gacha borish qancha turadi?
Vous savez où ça se trouve?	**Қаерда эканини биласизми?** Qaerda ekanini bilasizmi?
À l'aéroport, s'il vous plaît.	**Аэропортга, илтимос.** Aeroportga, iltimos.
Arrêtez ici, s'il vous plaît.	**Шу ерда тўхтатинг, илтимос.** Shu erda to'xtating, iltimos.
Ce n'est pas ici.	**Бу ерда эмас.** Bu erda emas.
C'est la mauvaise adresse.	**Бу нотўғри манзил.** Bu noto'g'ri manzil.
tournez à gauche	**Ҳозир чапга.** Hozir chapga.
tournez à droite	**Ҳозир ўнгга.** Hozir o'ngga.

Combien je vous dois?	**Сизга қанча беришим керак?** Sizga qancha berishim kerak?
J'aimerais avoir un reçu, s'il vous plaît.	**Менга чекни беринг, илтимос.** Menga chekni bering, iltimos.
Gardez la monnaie.	**Қайтими кераги йўқ.** Qaytimi keragi yo'q.

Attendez-moi, s'il vous plaît ...	**Мени кутиб туринг, илтимос.** Meni kutib turing, iltimos.
cinq minutes	**беш дақиқа** besh daqiqa
dix minutes	**ўн дақиқа** o'n daqiqa
quinze minutes	**ўн беш дақиқа** o'n besh daqiqa
vingt minutes	**йигирма дақиқа** yigirma daqiqa
une demi-heure	**ярим соат** yarim soat

Hôtel

Bonjour.	**Ассалому алайкум.** Assalomu alaykum.
Je m'appelle …	**Менинг исмим …** Mening ismim …
J'ai réservé une chambre.	**Мен хона банд қилган эдим.** Men xona band qilgan edim.
Je voudrais …	**Менга … керак.** Menga … kerak.
une chambre simple	**бир ўринли хона** bir o'rinli xona
une chambre double	**икки ўринли хона** ikki o'rinli xona
C'est combien?	**Қанча туради?** Qancha turadi?
C'est un peu cher.	**Бу бироз қиммат.** Bu biroz qimmat.
Avez-vous autre chose?	**Сизда яна бирор нарса борми?** Sizda yana biror narsa bormi?
Je vais la prendre.	**Мен уни оламан.** Men uni olaman.
Je vais payer comptant.	**Мен нақд тўлайман.** Men naqd to'layman.
J'ai un problème.	**Менда бир муаммо бор.** Menda bir muammo bor.
Mon … est cassé /Ma … est cassée/	**Менинг … бузилган.** Mening … buzilgan.
Mon /Ma/ … ne fonctionne pas.	**Менда … ишламаяпти** Menda … ishlamayapti
télé	**телевизор** televizor
air conditionné	**кондиционер** konditsioner
robinet	**кран** kran
douche	**душ** dush
évier	**чаноқ** chanoq
coffre-fort	**сейф** seyf

serrure de porte	кулф
	qulf
prise électrique	розетка
	rozetka
sèche-cheveux	фен
	fen

Je n'ai pas ...	Менда ... йўқ.
	Menda ... yo'q.
d'eau	сув
	suv
de lumière	нур
	nur
d'électricité	электр ёруғи
	elektr yorug'i

Pouvez-vous me donner ...?	Менга ... бера оласизми?
	Menga ... bera olasizmi?
une serviette	сочиқ
	sochiq
une couverture	адёл
	adyol
des pantoufles	шиппак
	shippak
une robe de chambre	халат
	xalat
du shampoing	шампун
	shampun
du savon	совун
	sovun

Je voudrais changer ma chambre.	Мен хонани алмаштирмоқчи эдим.
	Men xonani almashtirmoqchi edim.
Je ne trouve pas ma clé.	Мен калитимни топа олмаяпман.
	Men kalitimni topa olmayapman.
Pourriez-vous ouvrir ma chambre, s'il vous plaît?	Менга хонани очиб беринг, илтимос.
	Menga xonani ochib bering, iltimos.
Qui est là?	Ким у?
	Kim u?
Entrez!	Киринг!
	Kiring!
Une minute!	Бир дақиқа!
	Bir daqiqa!
Pas maintenant, s'il vous plaît.	Узр, ҳозир эмас.
	Uzr, hozir emas.

Pouvez-vous venir à ma chambre, s'il vous plaît.	Хонамга киринг, илтимос.
	Xonamga kiring, iltimos.
J'aimerais avoir le service d'étage.	Мен хонамга егулик буюрмоқчи эдим.
	Men xonamga egulik buyurmoqchi edim.

Mon numéro de chambre est le …	**Хонамнинг рақами …** Xonamning raqami …
Je pars …	**Мен … кетаяпман.** Men … ketayapman.
Nous partons …	**Биз … кетаяпмиз.** Biz … ketayapmiz.
maintenant	**ҳозир** hozir
cet après-midi	**бугун тушликдан кейин** bugun tushlikdan keyin
ce soir	**бугун кечқурун** bugun kechqurun
demain	**эртага** ertaga
demain matin	**эртага эрталаб** ertaga ertalab
demain après-midi	**эртага кечқурун** ertaga kechqurun
après-demain	**эртадан кейин** ertadan keyin

Je voudrais régler mon compte.	**Мен сиз билан ҳисоб-китоб қилмоқчиман.** Men siz bilan hisob-kitob qilmoqchiman.
Tout était merveilleux.	**Ҳаммаси аъло даражада эди.** Hammasi a'lo darajada edi.
Où puis-je trouver un taxi?	**Қаердан такси олишим мумкин?** Qaerdan taksi olishim mumkin?
Pourriez-vous m'appeler un taxi, s'il vous plaît?	**Менга такси чақиртиринг, илтимос.** Menga taksi chaqirtiring, iltimos.

Restaurant

Puis-je voir le menu, s'il vous plaît?

Таомномангизни кўришим мумкинми?
Taomnomangizni ko'rishim mumkinmi?

Une table pour une personne.

Бир кишилик жой.
Bir kishilik joy.

Nous sommes deux (trois, quatre).

Икки (уч, тўрт) кишимиз.
Ikki (uch, to'rt) kishimiz.

Fumeurs

Чекувчилар учун
Chekuvchilar uchun

Non-fumeurs

Чекмайдиганлар учун
Chekmaydiganlar uchun

S'il vous plaît!

Маъзур тутасиз!
Ma'zur tutasiz!

menu

таомнома
taomnoma

carte des vins

винолар картаси
vinolar kartasi

Le menu, s'il vous plaît.

Таомнома беринг, илтимос.
Taomnoma bering, iltimos.

Êtes-vous prêts à commander?

Буюртма беришга тайёрмисиз?
Buyurtma berishga tayyormisiz?

Qu'allez-vous prendre?

Нима буюрасиз?
Nima buyurasiz?

Je vais prendre ...

Мен ... хохлайман.
Men ... xohlayman.

Je suis végétarien.

Мен вегетариан.
Men vegetarian.

viande

гўшт
go'sht

poisson

балиқ
baliq

légumes

сабзавот
sabzavot

Avez-vous des plats végétariens?

Вегетариан таомларингиз борми?
Vegetarian taomlaringiz bormi?

Je ne mange pas de porc.

Мен чўчқа гўштини емайман.
Men cho'chqa go'shtini emayman.

Il /elle/ ne mange pas de viande.

У гўшт емайди.
U go'sht emaydi.

Je suis allergique à …

Менда …га аллергия бор.
Menda …ga allergiya bor.

Pourriez-vous m'apporter …,
s'il vous plaît.

Менга … келтиринг, илтимос.
Menga … keltiring, iltimos.

---

le sel | le poivre | du sucre

туз | қалампир | шакар
tuz | qalampir | shakar

un café | un thé | un dessert

кофе | чой| ширинлик
kofe | choy | shirinlik

de l'eau | gazeuse | plate

сув | газли | газсиз
suv | gazli | gazsiz

une cuillère | une fourchette | un couteau

қошиқ | санчқи | пичоқ
qoshiq | sanchqi | pichoq

une assiette | une serviette

ликопча | салфетка
likopcha | salfetka

Bon appétit!

Ёқимли иштаҳа!
Yoqimli ishtaha!

Un de plus, s'il vous plaît.

Яна олиб келинг, илтимос.
Yana olib keling, iltimos.

C'était délicieux.

Жуда мазали экан.
Juda mazali ekan.

---

l'addition | de la monnaie | le pourboire

ҳисоб | қайтим | чойчақа
hisob | qaytim | choychaqa

L'addition, s'il vous plaît.

Ҳисобни келтиринг, илтимос.
Hisobni keltiring, iltimos.

Puis-je payer avec la carte?

Мен карточка билан тўлашим мумкинми?
Men kartochka bilan to'lashim mumkinmi?

Excusez-moi, je crois qu'il y a une erreur ici.

Кечирасиз, бу ерда хато бор.
Kechirasiz, bu erda xato bor.

Shopping. Faire les Magasins

Est-ce que je peux vous aider?	**Сизга ёрдам бера оламанми?** Sizga yordam bera olamanmi?
Avez-vous … ?	**Сизда … борми?** Sizda … bormi?
Je cherche …	**Мен … қидираяпман.** Men … qidirayapman.
Il me faut …	**Менга … керак.** Menga … kerak.

Je regarde seulement, merci.	**Мен шунчаки томоша қилаяпман.** Men shunchaki tomosha qilayapman.
Nous regardons seulement, merci.	**Биз шунчаки томоша қилаяпмиз.** Biz shunchaki tomosha qilayapmiz.
Je reviendrai plus tard.	**Кейинроқ кираман.** Keyinroq kiraman.
On reviendra plus tard.	**Биз кейинроқ кирамиз.** Biz keyinroq kiramiz.
Rabais | Soldes	**камайтирилган нархлар | сотиб тугатиш** kamaytirilgan narxlar | sotib tugatish

Montrez-moi, s'il vous plaît …	**Илтимос, менга … кўрсатинг.** Iltimos, menga … ko'rsating.
Donnez-moi, s'il vous plaît …	**Илтимос, менга … беринг.** Iltimos, menga … bering.
Est-ce que je peux l'essayer?	**Мен буни кийиб кўрсам бўладими?** Men buni kiyib ko'rsam bo'ladimi?
Excusez-moi, où est la cabine d'essayage?	**Кечирасиз, кийиб кўриш хонаси қаерда?** Kechirasiz, kiyib ko'rish xonasi qaerda?
Quelle couleur aimeriez-vous?	**Қайси рангни истайсиз?** Qaysi rangni istaysiz?
taille | longueur	**размер | бўй** razmer | bo'y
Est-ce que la taille convient ?	**Тўғри келдими?** To'g'ri keldimi?

Combien ça coûte?	**Бу қанча туради?** Bu qancha turadi?
C'est trop cher.	**Бу жуда қиммат.** Bu juda qimmat.

Je vais le prendre.

Мен буни оламан.
Men buni olaman.

Excusez-moi, où est la caisse?

Кечирасиз, касса қаерда?
Kechirasiz, kassa qaerda?

Payerez-vous comptant ou par carte de crédit?

Сиз қандай тўлайсиз? Нақдми карточка биланми?
Siz qanday to'laysiz? Naqdmi kartochka bilanmi?

Comptant | par carte de crédit

нақд | карточка
naqd | kartochka

Voulez-vous un reçu?

Сизга чек керакми?
Sizga chek kerakmi?

Oui, s'il vous plaît.

Ҳа, илтимос.
Ha, iltimos.

Non, ce n'est pas nécessaire.

Йўқ, кераги йўқ. Раҳмат.
Yo'q, keragi yo'q. Rahmat.

Merci. Bonne journée!

Раҳмат. Ишларингизга омад!
Rahmat. Ishlaringizga omad!

En ville

Excusez-moi, ...
Кечирасиз, илтимос ...
Kechirasiz, iltimos ...

Je cherche ...
Мен ... қидираяпман.
Men ... qidirayapman.

le métro
метро
metro

mon hôtel
ўз меҳмонхонамни
o'z mehmonxonamni

le cinéma
кинотеатр
kinoteatr

un arrêt de taxi
такси бекатини
taksi bekatini

---

un distributeur
банкомат
bankomat

un bureau de change
валюта алмаштириш жойини
valyuta almashtirish joyini

un café internet
интернет-кафе
internet-kafe

la rue ...
... кўчасини
... ko'chasini

cette place-ci
мана бу жойни
mana bu joyni

Savez-vous où se trouve ...?
Сиз ... қаерда жойлашганини билмайсизми?
Siz ... qaerda joylashganini bilmaysizmi?

Quelle est cette rue?
Бу кўча нима деб номланади?
Bu ko'cha nima deb nomlanadi?

Montrez-moi où sommes-nous, s'il vous plaît.
Ҳозир қаерда эканимизни кўрсатиб юборинг.
Hozir qaorda ekanimizni ko'rsatib yuboring.

Est-ce que je peux y aller à pied?
У ерга пиёда бора оламанми?
U erga piyoda bora olamanmi?

Avez-vous une carte de la ville?
Сизда шаҳар харитаси борми?
Sizda shahar xaritasi bormi?

C'est combien pour un ticket?
Кириш чиптаси неча пул туради?
Kirish chiptasi necha pul turadi?

Est-ce que je peux faire des photos?
Бу ерда суратга тушиш мумкинми?
Bu erda suratga tushish mumkinmi?

Êtes-vous ouvert?	**Очиқмисиз?** Ochiqmisiz?
À quelle heure ouvrez-vous?	**Соат нечада очасиз?** Soat nechada ochasiz?
À quelle heure fermez-vous?	**Соат нечагача ишлайсиз?** Soat nechagacha ishlaysiz?

L'argent

argent	пул
	pul
argent liquide	нақд пул
	naqd pul
des billets	қоғоз пул
	qog'oz pul
petite monnaie	чақа
	chaqa
l'addition | de la monnaie | le pourboire	ҳисоб | қайтим | чойчақа
	hisob | qaytim | choychaqa

carte de crédit	кредит карточкаси
	kredit kartochkasi
portefeuille	ҳамён
	hamyon
acheter	сотиб олмоқ
	sotib olmoq
payer	тўламоқ
	to'lamoq
amende	жарима
	jarima
gratuit	бепул
	bepul

| Où puis-je acheter … ? | Мен қаерда ... сотиб олишим мумкин? |
| | Men qaerda ... sotib olishim mumkin? |

Est-ce que la banque est ouverte en ce moment?	Банк ҳозир очиқми?
	Bank hozir ochiqmi?
À quelle heure ouvre-t-elle?	Соат нечада у очилади?
	Soat nechada u ochiladi?
À quelle heure ferme-t-elle?	Соат нечагача у ишлайди?
	Soat nechagacha u ishlaydi?

C'est combien?	Қанча?
	Qancha?
Combien ça coûte?	Бу қанча туради?
	Bu qancha turadi?

C'est trop cher.	Бу жуда қиммат.
	Bu juda qimmat.
Excusez-moi, où est la caisse?	Кечирасиз, касса қаерда?
	Kechirasiz, kassa qaerda?

L'addition, s'il vous plaît.

Ҳисобни келтиринг, илтимос.
Hisobni keltiring, iltimos.

Puis-je payer avec la carte?

Мен карточка билан тўлашим мумкинми?
Men kartochka bilan to'lashim mumkinmi?

Est-ce qu'il y a un distributeur ici?

Бу ерда банкомат борми?
Bu erda bankomat bormi?

Je cherche un distributeur.

Менга банкомат керак.
Menga bankomat kerak.

Je cherche un bureau de change.

Мен пул алмаштирадиган жой қидираяпман.
Men pul almashtiradigan joy qidirayapman.

Je voudrais changer …

Мен … алмаштириб олмоқчиман.
Men … almashtirib olmoqchiman.

Quel est le taux de change?

Алмаштириш курси қанақа?
Almashtirish kursi qanaqa?

Avez-vous besoin de mon passeport?

Сизга паспортим керакми?
Sizga pasportim kerakmi?

Le temps

Quelle heure est-il?	**Соат неча бўлди?** Soat necha bo'ldi?
Quand?	**Қачон?** Qachon?

À quelle heure?	**Соат нечада?** Soat nechada?
maintenant | plus tard | après ...	**ҳозир | кейинроқ | кейин ...** hozir | keyinroq | keyin ...

une heure	**кундузги бир** kunduzgi bir
une heure et quart	**биру ўн беш** biru o'n besh
une heure et demie	**биру ўттиз** biru o'ttiz
deux heures moins quart	**ўн бешта кам икки** o'n beshta kam ikki

un | deux | trois	**бир | икки | уч** bir | ikki | uch
quatre | cinq | six	**тўрт | беш | олти** to'rt | besh | olti
sept | huit | neuf	**етти | саккиз | тўққиз** etti | sakkiz | to'qqiz
dix | onze | douze	**ўн | ўн бир | ўн икки** o'n | o'n bir | o'n ikki

dans ...	**... дан кейин** ... dan keyin
cinq minutes	**беш дақиқа** besh daqiqa
dix minutes	**ўн дақиқа** o'n daqiqa
quinze minutes	**ўн беш дақиқа** o'n besh daqiqa
vingt minutes	**йигирма дақиқа** yigirma daqiqa

une demi-heure	**ярим соат** yarim soat
une heure	**бир соат** bir soat

dans la matinée	**эрталаб** ertalab
tôt le matin	**тонг саҳарда** tong saharda
ce matin	**бугун эрталаб** bugun ertalab
demain matin	**эртага эрталаб** ertaga ertalab

à midi	**тушлик пайтида** tushlik paytida
dans l'après-midi	**тушликдан кейин** tushlikdan keyin
dans la soirée	**кечқурун** kechqurun
ce soir	**бугун кечқурун** bugun kechqurun

la nuit	**кечаси** kechasi
hier	**кеча** kecha
aujourd'hui	**бугун** bugun
demain	**эртага** ertaga
après-demain	**эртадан кейин** ertadan keyin

Quel jour sommes-nous aujourd'hui?	**Бугун қайси кун?** Bugun qaysi kun?
Nous sommes …	**Бугун …** Bugun …
lundi	**душанба** dushanba
mardi	**сешанба** seshanba
mercredi	**чоршанба** chorshanba

jeudi	**пайшанба** payshanba
vendredi	**жума** juma
samedi	**шанба** shanba
dimanche	**якшанба** yakshanba

Salutations - Introductions

Bonjour.

Ассалому алайкум.
Assalomu alaykum.

Enchanté /Enchantée/

Танишганимдан хурсандман.
Tanishganimdan xursandman.

Moi aussi.

Мен ҳам.
Men ham.

Je voudrais vous présenter …

Танишинг. Бу …
Tanishing. Bu …

Ravi /Ravie/ de vous rencontrer.

Жуда хурсандман.
Juda xursandman.

Comment allez-vous?

Қалайсиз? Ишларингиз қалай?
Qalaysiz? Ishlaringiz qalay?

Je m'appelle …

Менинг исмим …
Mening ismim …

Il s'appelle …

Унинг исми …
Uning ismi …

Elle s'appelle …

Унинг исми …
Uning ismi …

Comment vous appelez-vous?

Исмингиз нима?
Ismingiz nima?

Quel est son nom?

Унинг исми нима?
Uning ismi nima?

Quel est son nom?

Унинг исми нима?
Uning ismi nima?

Quel est votre nom de famille?

Фамилиянгиз нима?
Familiyangiz nima?

Vous pouvez m'appeler …

Мени … деб чақиришингиз мумкин.
Meni … deb chaqirishingiz mumkin.

D'où êtes-vous?

Қаердансиз?
Qaerdansiz?

Je suis de …

Мен …дан.
Men …dan.

Qu'est-ce que vous faites dans la vie?

Ким бўлиб ишлайсиз?
Kim bo'lib ishlaysiz?

Qui est-ce?

Ким бу?
Kim bu?

Qui est-il?

Ким у?
Kim u?

Qui est-elle?

Ким у?
Kim u?

Qui sont-ils?	**Ким улар?** Kim ular?
C'est ...	**Бу ...** Bu ...
mon ami	**менинг дўстим** mening do'stim
mon amie	**менинг дугонам** mening dugonam
mon mari	**менинг эрим** mening erim
ma femme	**менинг рафиқам** mening rafiqam
mon père	**менинг отам** mening otam
ma mère	**менинг онам** mening onam
mon frère	**менинг акам** mening akam
ma sœur	**менинг синглим** mening singlim
mon fils	**менинг ўғлим** mening o'g'lim
ma fille	**менинг қизим** mening qizim
C'est notre fils.	**Бу бизнинг ўғлимиз.** Bu bizning o'g'limiz.
C'est notre fille.	**Бу бизнинг қизимиз.** Bu bizning qizimiz.
Ce sont mes enfants.	**Бу менинг болаларим.** Bu mening bolalarim.
Ce sont nos enfants.	**Бу бизнинг болаларимиз.** Bu bizning bolalarimiz.

Les adieux

Au revoir!	**Кўришгунча!** Ko'rishguncha!
Salut!	**Хайр!** Xayr!
À demain.	**Эртагача.** Ertagacha.
À bientôt.	**Учрашгунча.** Uchrashguncha.
On se revoit à sept heures.	**Соат еттида учрашамиз.** Soat ettida uchrashamiz.

Amusez-vous bien!	**Дам олинг!** Dam oling!
On se voit plus tard.	**Кейинроқ гаплашамиз.** Keyinroq gaplashamiz.
Bonne fin de semaine.	**Дам олиш кунларини яхши ўтказинг.** Dam olish kunlarini yaxshi o'tkazing.
Bonne nuit.	**Хайрли кеч.** Xayrli kech.

Il est l'heure que je parte.	**Вақт бўлди.** Vaqt bo'ldi.
Je dois m'en aller.	**Боришим керак.** Borishim kerak.
Je reviens tout de suite.	**Ҳозир қайтиб келаман.** Hozir qaytib kelaman.

Il est tard.	**Кеч бўлди.** Kech bo'ldi.
Je dois me lever tôt.	**Барвақт туришим керак.** Barvaqt turishim kerak.
Je pars demain.	**Мен эртага кетаман.** Men ertaga ketaman.
Nous partons demain.	**Биз эртага кетамиз.** Biz ertaga ketamiz.

Bon voyage!	**Оқ йўл!** Oq yo'l!
Enchanté de faire votre connaissance.	**Танишганимдан хурсандман.** Tanishganimdan xursandman.
Heureux /Heureuse/ d'avoir parlé avec vous.	**Сиз билан гаплашгандан хурсандман.** Siz bilan gaplashgandan xursandman.

Merci pour tout.	**Ҳаммаси учун раҳмат.** Hammasi uchun rahmat.
Je me suis vraiment amusé /amusée/	**Мен ажойиб вақт ўтказдим.** Men ajoyib vaqt o'tkazdim.
Nous nous sommes vraiment amusés /amusées/	**Биз ажойиб вақт ўтказдик.** Biz ajoyib vaqt o'tkazdik.
C'était vraiment plaisant.	**Ҳаммаси ажойиб.** Hammasi ajoyib.
Vous allez me manquer.	**Соғиниб қоламан.** Sog'inib qolaman.
Vous allez nous manquer.	**Соғиниб қоламиз.** Sog'inib qolamiz.

| Bonne chance! | **Омад! Яхши қолинг!**
Omad! Yaxshi qoling! |
| Mes salutations à ... | **...га салом айтинг!**
...ga salom ayting! |

Une langue étrangère

Je ne comprends pas.	**Мен тушунмаяпман.** Men tushunmayapman.
Écrivez-le, s'il vous plaît.	**Буни ёзиб беринг.** Buni yozib bering.
Parlez-vous ...?	**Сиз ...чани биласизми?** Siz ...chani bilasizmi?
Je parle un peu ...	**Мен бироз ...ча биламан.** Men biroz ...cha bilaman.
anglais	**инглиз** ingliz
turc	**турк** turk
arabe	**араб** arab
français	**француз** frantsuz
allemand	**немис** nemis
italien	**италян** italyan
espagnol	**испан** ispan
portugais	**португал** portugal
chinois	**хитой** xitoy
japonais	**япон** yapon
Pouvez-vous le répéter, s'il vous plaît.	**Такрорлаб юборинг, илтимос.** Takrorlab yuboring, iltimoε.
Je comprends.	**Тушундим.** Tushundim.
Je ne comprends pas.	**Мен тушунмаяпман.** Men tushunmayapman.
Parlez plus lentement, s'il vous plaît.	**Секинроқ гапиринг, илтимос.** Sekinroq gapiring, iltimos.
Est-ce que c'est correct?	**Бу тўғрими?** Bu to'g'rimi?
Qu'est-ce que c'est?	**Бу нима?** Bu nima?

Les excuses

Excusez-moi, s'il vous plaît.	**Кечиринг, илтимос.** Kechiring, iltimos.
Je suis désolé /désolée/	**Мен пушаймон еяпман.** Men pushaymon eyapman.
Je suis vraiment /désolée/	**Ачинарли ҳол.** Achinarli hol.
Désolé /Désolée/, c'est ma faute.	**Айбдорман, бу менинг айбим.** Aybdorman, bu mening aybim.
Au temps pour moi.	**Менинг айбим.** Mening aybim.

Puis-je … ?	**… қила оламанми?** … qila olamanmi?
Ça vous dérange si je …?	**Агарда мен … қарши эмасмисиз?** Agarda men … qarshi emasmisiz?
Ce n'est pas grave.	**Ҳечқиси йўқ.** Hechqisi yo'q.
Ça va.	**Ҳаммаси жойида.** Hammasi joyida.
Ne vous inquiétez pas.	**Ташвишланманг.** Tashvishlanmang.

Les accords

Oui	**Ҳа.** Ha.
Oui, bien sûr.	**Ҳа, албатта.** Ha, albatta.
Bien.	**Яхши!** Yaxshi!
Très bien.	**Жуда яхши.** Juda yaxshi.
Bien sûr!	**Албатта!** Albatta!
Je suis d'accord.	**Мен розиман.** Men roziman.
C'est correct.	**Тўғри.** To'g'ri.
C'est exact.	**Худди шундай.** Xuddi shunday.
Vous avez raison.	**Ҳақсиз.** Haqsiz.
Je ne suis pas contre.	**Қарши эмасман.** Qarshi emasman.
Tout à fait correct.	**Мутлақо тўғри.** Mutlaqo to'g'ri.
C'est possible.	**Бу мумкин.** Bu mumkin.
C'est une bonne idée.	**Бу яхши фикр.** Bu yaxshi fikr.
Je ne peux pas dire non.	**Рад жавобини бера олмайман.** Rad javobini bera olmayman.
J'en serai ravi /ravie/	**Хурсанд бўлар эдим.** Xursand bo'lar edim.
Avec plaisir.	**Жоним билан.** Jonim bilan.

Refus, exprimer le doute

Non

Йўқ.
Yo'q.

Absolument pas.

Албатта йўқ.
Albatta yo'q.

Je ne suis pas d'accord.

Мен рози эмасман.
Men rozi emasman.

Je ne le crois pas.

Мен бундай деб ўйламайман.
Men bunday deb o'ylamayman.

Ce n'est pas vrai.

Бу нотўғри.
Bu noto'g'ri.

Vous avez tort.

Сиз ноҳақ.
Siz nohaq.

Je pense que vous avez tort.

Сиз ноҳақсиз, деб ўйлайман.
Siz nohaqsiz, deb o'ylayman.

Je ne suis pas sûr /sûre/

Иккиланаяпман.
Ikkilanayapman.

C'est impossible.

Бунинг бўлиши мумкин эмас.
Buning bo'lishi mumkin emas.

Pas du tout!

Асло ундай эмас!
Aslo unday emas!

Au contraire!

Аксинча!
Aksincha!

Je suis contre.

Мен қаршиман.
Men qarshiman.

Ça m'est égal.

Менга барибир.
Menga baribir.

Je n'ai aucune idée.

Билмайман.
Bilmayman.

Je doute que cela soit ainsi.

Бундай бўлишига шубҳам бор.
Bunday bo'lishiga shubham bor.

Désolé /Désolée/, je ne peux pas.

Кечирасиз, имконим йўқ.
Kechirasiz, imkonim yo'q.

Désolé /Désolée/, je ne veux pas.

Кечирасиз, мен истамайман.
Kechirasiz, men istamayman.

Merci, mais ça ne m'intéresse pas.

Раҳмат, бунинг менга кераги йўқ.
Rahmat, buning menga keragi yo'q.

Il se fait tard.

Кеч бўлди.
Kech bo'ldi.

Je dois me lever tôt.

Барвақт туришим керак.
Barvaqt turishim kerak.

Je ne me sens pas bien.

Ўзимни ёмон ҳис этаяпман.
O'zimni yomon his etayapman.

Exprimer la gratitude

Merci.	**Раҳмат.** Rahmat.
Merci beaucoup.	**Катта раҳмат.** Katta rahmat.
Je l'apprécie beaucoup.	**Ташаккур.** Tashakkur.
Je vous suis très reconnaissant.	**Сиздан миннатдорман.** Sizdan minnatdorman.
Nous vous sommes très reconnaissant.	**Сиздан миннатдормиз.** Sizdan minnatdormiz.
Merci pour votre temps.	**Вақтингизни сарфлаганингиз учун ташаккур.** Vaqtingizni sarflaganingiz uchun tashakkur.
Merci pour tout.	**Ҳаммаси учун раҳмат.** Hammasi uchun rahmat.
Merci pour ...	**... учун раҳмат.** ... uchun rahmat.
votre aide	**Ёрдамингиз** Yordamingiz
les bons moments passés	**яхши вақт ўтказганимиз** yaxshi vaqt o'tkazganimiz
un repas merveilleux	**ажойиб овқат** ajoyib ovqat
cette agréable soirée	**мароқли оқшом** maroqli oqshom
cette merveilleuse journée	**ғаройиб кун** g'aroyib kun
une excursion extraordinaire	**қизиқарли экскурсия** qiziqarli ekskursiya
Il n'y a pas de quoi.	**Арзимайди.** Arzimaydi.
Vous êtes les bienvenus.	**Миннатдорчиликка арзимайди.** Minnatdorchilikka arzimaydi.
Mon plaisir.	**Марҳамат қилинг.** Marhamat qiling.
J'ai été heureux /heureuse/ de vous aider.	**Ёрдамим текканидан хурсандман.** Yordamim tekkanidan xursandman.

Ça va. N'y pensez plus.

Эсдан чиқаринг. Ҳаммаси жойида.
Esdan chiqaring. Hammasi joyida.

Ne vous inquiétez pas.

Ташвишланманг.
Tashvishlanmang.

Félicitations. Vœux de fête

Félicitations!	**Табриклайман!** Tabriklayman!
Joyeux anniversaire!	**Туғилган кунингиз билан!** Tug'ilgan kuningiz bilan!
Joyeux Noël!	**Рождество муборак!** Rojdestvo muborak!
Bonne Année!	**Янги йилингиз билан!** Yangi yilingiz bilan!
Joyeuses Pâques!	**Ёрқин Пасха муборак!** Yorqin Pasxa muborak!
Joyeux Hanoukka!	**Хайрли Хануки!** Xayrli Xanuki!
Je voudrais proposer un toast.	**Менда тост бор.** Menda tost bor.
Santé!	**Соғлигингиз учун!** Sog'ligingiz uchun!
Buvons à …!	**… учун ичайлик!** … uchun ichaylik!
À notre succès!	**Омадимиз учун!** Omadimiz uchun!
À votre succès!	**Омадингиз учун!** Omadingiz uchun!
Bonne chance!	**Омад!** Omad!
Bonne journée!	**Хайрли кун!** Xayrli kun!
Passez de bonnes vacances !	**Яхши дам олинг!** Yaxshi dam oling!
Bon voyage!	**Оқ йўл!** Oq yo'l!
Rétablissez-vous vite.	**Тезроқ соғайиб кетинг!** Tezroq sog'ayib keting!

Socialiser

Pourquoi êtes-vous si triste?	**Нимадан хафасиз?** Nimadan xafasiz?
Souriez!	**Жилмайинг!** Jilmaying!
Êtes-vous libre ce soir?	**Бугун кечга бўшмисиз?** Bugun kechga bo'shmisiz?
Puis-je vous offrir un verre?	**Сизга ичиш таклиф эта оламанми?** Sizga ichish taklif eta olamanmi?
Voulez-vous danser?	**Рақсга тушмайсизми?** Raqsga tushmaysizmi?
Et si on va au cinéma?	**Балким кинога борармиз?** Balkim kinoga borarmiz?
Puis-je vous inviter ...	**Сизни ...га таклиф этишим мумкинми?** Sizni ...ga taklif etishim mumkinmi?
au restaurant	**ресторан** restoran
au cinéma	**кино** kino
au théâtre	**театр** teatr
pour une promenade	**сайр** sayr
À quelle heure?	**Соат нечада?** Soat nechada?
ce soir	**бугун кечга** bugun kechga
à six heures	**соат олтига** soat oltiga
à sept heures	**соат еттига** soat ettiga
à huit heures	**соат саккизга** soat sakkizga
à neuf heures	**соат тўққизга** soat to'qqizga
Est-ce que vous aimez cet endroit?	**Сизга бу ер ёқадими?** Sizga bu er yoqadimi?
Êtes-vous ici avec quelqu'un?	**Сиз бу ерда ким биландирмисиз?** Siz bu erda kim bilandirmisiz?

Je suis avec mon ami.

Мен дўстим /дугонам/ билан.
Men do'stim /dugonam/ bilan.

Je suis avec mes amis.

Мен дўстларим билан.
Men do'stlarim bilan.

Non, je suis seul /seule/

Мен бир ўзим.
Men bir o'zim.

As-tu un copain?

Сенда дўстинг борми?
Senda do'sting bormi?

J'ai un copain.

Менда дўстим бор.
Menda do'stim bor.

As-tu une copine?

Сенда яхши кўрган қизинг борми?
Senda yaxshi ko'rgan qizing bormi?

J'ai une copine.

Менда яхши кўрган қизим бор.
Menda yaxshi ko'rgan qizim bor.

Est-ce que je peux te revoir?

Биз яна учрашамизми?
Biz yana uchrashamizmi?

Est-ce que je peux t'appeler?

Сенга кўнғироқ қилсам бўладими?
Senga qo'ng'iroq qilsam bo'ladimi?

Appelle-moi.

Менга кўнғироқ қил.
Menga qo'ng'iroq qil.

Quel est ton numéro?

Рақамларинг қанақа?
Raqamlaring qanaqa?

Tu me manques.

Мен сени соғимдим.
Men seni sog'imdim.

Vous avez un très beau nom.

Исмингиз жуда чиройли экан.
Ismingiz juda chiroyli ekan.

Je t'aime.

Мен сени севаман.
Men seni sevaman.

Veux-tu te marier avec moi?

Менга турмушга чиқ.
Menga turmushga chiq.

Vous plaisantez!

Ҳазиллашаяпсиз!
Hazillashayapsiz!

Je plaisante.

Мен шунчаки ҳазиллашаяпман.
Men shunchaki hazillashayapman.

Êtes-vous sérieux /sérieuse/?

Жиддий гапираяпсизми?
Jiddiy gapirayapsizmi?

Je suis sérieux /sérieuse/

Жиддий гапираяпман.
Jiddiy gapirayapman.

Vraiment?!

Ростми?!
Rostmi?!

C'est incroyable!

Бунинг бўлиши мумкин эмас!
Buning bo'lishi mumkin emas!

Je ne vous crois pas.

Сизга ишонмайман.
Sizga ishonmayman.

Je ne peux pas.

Мен қила олмайман.
Men qila olmayman.

Je ne sais pas.

Билмайман.
Bilmayman.

Je ne vous comprends pas	**Мен сизни тушунмаяпман.** Men sizni tushunmayapman.
Laissez-moi! Allez-vous-en!	**Кетинг, илтимос.** Keting, iltimos.
Laissez-moi tranquille!	**Мени тинч қўйинг!** Meni tinch qo'ying!
Je ne le supporte pas.	**Мен уни кўра олмайман.** Men uni ko'ra olmayman.
Vous êtes dégoûtant!	**Сиз жирканчсиз!** Siz jirkanchsiz!
Je vais appeler la police!	**Мен полиция чақиртираман!** Men politsiya chaqirtiraman!

Partager des impressions. Émotions

J'aime ça.	**Менга бу ёқаяпти.** Menga bu yoqayapti.
C'est gentil.	**Жуда ёқимли.** Juda yoqimli.
C'est super!	**Бу зўр!** Bu zo'r!
C'est assez bien.	**Ёмон эмас.** Yomon emas.
Je n'aime pas ça.	**Менга бу ёқмаяпти.** Menga bu yoqmayapti.
Ce n'est pas bien.	**Бу яхши эмас.** Bu yaxshi emas.
C'est mauvais.	**Бу ёмон.** Bu yomon.
Ce n'est pas bien du tout.	**Бу жуда ёмон.** Bu juda yomon.
C'est dégoûtant.	**Бу жирканч.** Bu jirkanch.
Je suis content /contente/	**Мен бахтлиман.** Men baxtliman.
Je suis heureux /heureuse/	**Мен мамнунман.** Men mamnunman.
Je suis amoureux /amoureuse/	**Мен севиб қолдим.** Men sevib qoldim.
Je suis calme.	**Мен тинчман.** Men tinchman.
Je m'ennuie.	**Менга зерикарли.** Menga zerikarli.
Je suis fatigué /fatiguée/	**Мен чарчадим.** Men charchadim.
Je suis triste.	**Мен хафаман.** Men xafaman.
J'ai peur.	**Мен қўрқиб кетдим.** Men qo'rqib ketdim.
Je suis fâché /fâchée/	**Жаҳлим чиқаяпти.** Jahlim chiqayapti.
Je suis inquiet /inquiète/	**Мен ҳаяжондаман.** Men hayajondaman.
Je suis nerveux /nerveuse/	**Мен асабийлашаяпман.** Men asabiylashayapman.

Je suis jaloux /jalouse/	**Мен ҳасад қилаяпман.** Men hasad qilayapman.
Je suis surpris /surprise/	**Мен ҳайронман.** Men hayronman.
Je suis gêné /gênée/	**Бошим қотиб қолди.** Boshim qotib qoldi.

Problèmes. Accidents

J'ai un problème.	**Менда бир муаммо бор.** Menda bir muammo bor.
Nous avons un problème.	**Бизда муаммо бор.** Bizda muammo bor.
Je suis perdu /perdue/	**Мен адашиб қолдим.** Men adashib qoldim.
J'ai manqué le dernier bus (train).	**Мен охирги автобусга (поездга) кеч қолдим.** Men oxirgi avtobusga (poezdga) kech qoldim.
Je n'ai plus d'argent.	**Менда умуман пулим қолмади.** Menda umuman pulim qolmadi.
J'ai perdu mon ...	**Мен ... йўқотиб кўйдим.** Men ... yo'qotib qo'ydim.
On m'a volé mon ...	**Менда ...ни ўғирлашди.** Menda ...ni o'g'irlashdi.
passeport	**паспорт** pasport
portefeuille	**ҳамён** hamyon
papiers	**ҳужжат** hujjat
billet	**чипта** chipta
argent	**пул** pul
sac à main	**сумка** sumka
appareil photo	**фотоаппарат** fotoapparat
portable	**ноутбук** noutbuk
ma tablette	**планшет** planshet
mobile	**телефон** telefon
Au secours!	**Ёрдам беринг!** Yordam bering!
Qu'est-il arrivé?	**Нима бўлди?** Nima bo'ldi?

un incendie	**ёнғин** yong'in
des coups de feu	**отишма** otishma
un meurtre	**қотиллик** qotillik
une explosion	**портлаш** portlash
une bagarre	**муштлашув** mushtlashuv

Appelez la police!	**Полиция чақиртиринг!** Politsiya chaqirtiring!
Dépêchez-vous, s'il vous plaît!	**Илтимос, тезроқ!** Iltimos, tezroq!
Je cherche le commissariat de police.	**Мен полиция участкасини қидираяпман.** Men politsiya uchastkasini qidirayapman.
Il me faut faire un appel.	**Қўнғироқ қилишим керак.** Qo'ng'iroq qilishim kerak.
Puis-je utiliser votre téléphone?	**Қўнғироқ қилсам бўладими?** Qo'ng'iroq qilsam bo'ladimi?

J'ai été …	**Мени …** Meni …
agressé /agressée/	**тунашди** tunashdi
volé /volée/	**ўғирлашди** o'g'irlashdi
violée	**зўрлашди** zo'rlashdi
attaqué /attaquée/	**калтаклашди** kaltaklashdi

Est-ce que ça va?	**Аҳволингиз яхшими?** Ahvolingiz yaxshimi?
Avez-vous vu qui c'était?	**Сиз улар кимлигини кўрдингизми?** Siz ular kimligini ko'rdingizmi?
Pourriez-vous reconnaître cette personne?	**Сиз уни таний оласизми?** Siz uni taniy olasizmi?
Vous êtes sûr?	**Ишончингиз комилми?** Ishonchingiz komilmi?

Calmez-vous, s'il vous plaît.	**Илтимос, тинчланинг.** Iltimos, tinchlaning.
Calmez-vous!	**Ҳовлиқмасдан!** Hovliqmasdan!
Ne vous inquiétez pas.	**Ташвишланманг.** Tashvishlanmang.
Tout ira bien.	**Ҳаммаси жойида бўлади.** Hammasi joyida bo'ladi.

Ça va. Tout va bien.

Ҳаммаси жойида.
Hammasi joyida.

Venez ici, s'il vous plaît.

Олдимга келинг, илтимос.
Oldimga keling, iltimos.

J'ai des questions à vous poser.

Сизга бир нечта саволим бор.
Sizga bir nechta savolim bor.

Attendez un moment, s'il vous plaît.

Тўхтаб туринг, илтимос.
To'xtab turing, iltimos.

Avez-vous une carte d'identité?

Ҳужжатларингиз борми?
Hujjatlaringiz bormi?

Merci. Vous pouvez partir maintenant.

Раҳмат. Боришингиз мумкин.
Rahmat. Borishingiz mumkin.

Les mains derrière la tête!

Қўлингизни бошингиз орқасига қилинг!
Qo'lingizni boshingiz orqasiga qiling!

Vous êtes arrêté!

Сиз ҳибс этилдингиз!
Siz hibs etildingiz!

Problèmes de santé

Aidez-moi, s'il vous plaît.	**Илтимос, ёрдам беринг.** Iltimos, yordam bering.
Je ne me sens pas bien.	**Аҳволим ёмон.** Ahvolim yomon.
Mon mari ne se sent pas bien.	**Эримнинг аҳволи ёмон.** Erimning ahvoli yomon.
Mon fils ...	**Ўғлимнинг ...** O'g'limning ...
Mon père ...	**Отамнинг ...** Otamning ...

Ma femme ne se sent pas bien.	**Рафиқамнинг аҳволи ёмон.** Rafiqamning ahvoli yomon.
Ma fille ...	**Қизимнинг ...** Qizimning ...
Ma mère ...	**Онамнинг ...** Onamning ...

J'ai mal ...	**Менинг ... оғрияпти.** Mening ... og'riyapti.
à la tête	**бошим** boshim
à la gorge	**томоғим** tomog'im
à l'estomac	**қорним** qornim
aux dents	**тишим** tishim

J'ai le vertige.	**Бошим айланаяпти.** Boshim aylanayapti.
Il a de la fièvre.	**Унинг иситмаси бор.** Uning isitmasi bor.
Elle a de la fièvre.	**Унинг иситмаси бор.** Uning isitmasi bor.
Je ne peux pas respirer.	**Нафасим қисилаяпти.** Nafasim qisilayapti.

J'ai du mal à respirer.	**Нафасим бўғилаяпти.** Nafasim bo'g'ilayapti.
Je suis asthmatique.	**Мен астматик.** Men astmatik.
Je suis diabétique.	**Мен диабетик.** Men diabetik.

Je ne peux pas dormir.

Мени уйқусизлик қийнаяпти.
Meni uyqusizlik qiynayapti.

intoxication alimentaire

овқатдан заҳарланиш
ovqatdan zaharlanish

Ça fait mal ici.

Бу ерим оғрияпти.
Bu erim og'riyapti.

Aidez-moi!

Ёрдам беринг!
Yordam bering!

Je suis ici!

Мен бу ерда!
Men bu erda!

Nous sommes ici!

Биз бу ерда!
Biz bu erda!

Sortez-moi d'ici!

Мени чиқариб олинг!
Meni chiqarib oling!

J'ai besoin d'un docteur.

Менга врач керак.
Menga vrach kerak.

Je ne peux pas bouger!

Мен қимирлай олмаяпман.
Men qimirlay olmayapman.

Je ne peux pas bouger mes jambes.

Оёқларимни сезмаяпман.
Oyoqlarimni sezmayapman.

Je suis blessé /blessée/

Мен ярадорман.
Men yaradorman.

Est-ce que c'est sérieux?

Бу жиддийми?
Bu jiddiymi?

Mes papiers sont dans ma poche.

Ҳужжатларим чўнтагимда.
Hujjatlarim cho'ntagimda.

Calmez-vous!

Тинчланинг!
Tinchlaning!

Puis-je utiliser votre téléphone?

Қўнғироқ қилсам бўладими?
Qo'ng'iroq qilsam bo'ladimi?

Appelez une ambulance!

Тез ёрдам чақиринг!
Tez yordam chaqiring!

C'est urgent!

Бу зарур!
Bu zarur!

C'est une urgence!

Бу жуда зарур!
Bu juda zarur!

Dépêchez-vous, s'il vous plaît!

Илтимос, тезроқ!
Iltimos, tezroq!

Appelez le docteur, s'il vous plaît.

Врачни чақиртиринг, илтимос.
Vrachni chaqirtiring, iltimos.

Où est l'hôpital?

Шифохонанинг қаердалигини айтиб юборинг?
Shifoxonaning qaerdaligini aytib yuboring?

Comment vous sentez-vous?

Ўзингизни қандай ҳис этаяпсиз?
O'zingizni qanday his etayapsiz?

Est-ce que ça va?

Аҳволингиз яхшими?
Ahvolingiz yaxshimi?

Qu'est-il arrivé?

Нима бўлди?
Nima bo'ldi?

Je me sens mieux maintenant.

Аҳволим бироз дуруст.
Ahvolim biroz durust.

Ça va. Tout va bien.

Ҳаммаси жойида.
Hammasi joyida.

Ça va.

Ҳаммаси яхши.
Hammasi yaxshi.

À la pharmacie

pharmacie	**дорихона** dorixona
pharmacie 24 heures	**туну-кун ишлайдиган дорихона** tunu-kun ishlaydigan dorixona
Où se trouve la pharmacie la plus proche?	**Энг яқин дорихона қаерда?** Eng yaqin dorixona qaerda?
Est-elle ouverte en ce moment?	**У ҳозир очиқми?** U hozir ochiqmi?
À quelle heure ouvre-t-elle?	**У нечада очилади?** U nechada ochiladi?
à quelle heure ferme-t-elle?	**У соат нечагача ишлайди?** U soat nechagacha ishlaydi?
C'est loin?	**Бу узоқми?** Bu uzoqmi?
Est-ce que je peux y aller à pied?	**У ерга пиёда бора оламанми?** U erga piyoda bora olamanmi?
Pouvez-vous me le montrer sur la carte?	**Илтимос, харитада кўрсатиб юборинг.** Iltimos, xaritada ko'rsatib yuboring.
Pouvez-vous me donner quelque chose contre …	**Менга … бирор нарса беринг.** Menga … biror narsa bering.
le mal de tête	**бош оғриқдан** bosh og'riqdan
la toux	**йўталдан** yo'taldan
le rhume	**шамоллашдан** shamollashdan
la grippe	**тумовдан** tumovdan
la fièvre	**ҳароратдан** haroratdan
un mal d'estomac	**ошқозон оғриғидан** oshqozon og'rig'idan
la nausée	**кўнгил айнишидан** ko'ngil aynishidan
la diarrhée	**ич оғриғидан** ich og'rig'idan
la constipation	**ич қотишидан** ich qotishidan

un mal de dos	**бел оғриғидан**
	bel og'rig'idan
les douleurs de poitrine	**кўкрак оғриғидан**
	ko'krak og'rig'idan
les points de côté	**биқин оғриғидан**
	biqin og'rig'idan
les douleurs abdominales	**қорин оғриғидан**
	qorin og'rig'idan
une pilule	**таблетка**
	tabletka
un onguent, une crème	**малҳам, крем**
	malham, krem
un sirop	**шарбат**
	sharbat
un spray	**спрей**
	sprey
les gouttes	**томчилар**
	tomchilar
Vous devez allez à l'hôpital.	**Сиз шифохонага боришингиз керак.**
	Siz shifoxonaga borishingiz kerak.
assurance maladie	**кафолат**
	kafolat
prescription	**дори қоғоз**
	dori qog'oz
produit anti-insecte	**ҳашаротга қарши восита**
	hasharotga qarshi vosita
bandages adhésifs	**лейкопластир**
	leykoplastir

Les essentiels

Excusez-moi, ...	**Кечирасиз, ...** Kechirasiz, ...
Bonjour	**Ассалому алайкум.** Assalomu alaykum.
Merci	**Раҳмат.** Rahmat.
Au revoir	**Кўришгунча.** Ko'rishguncha.
Oui	**Ҳа.** Ha.
Non	**Йўқ.** Yo'q.
Je ne sais pas.	**Билмайман.** Bilmayman.
Où? | Où? | Quand?	**Қаерда? | Қаерга? | Қачон?** Qaerda? | Qaerga? | Qachon?
J'ai besoin de ...	**Менга ... керак.** Menga ... kerak.
Je veux ...	**Мен ... хоҳлайман.** Men ... xohlayman.
Avez-vous ... ?	**Сизда ... борми?** Sizda ... bormi?
Est-ce qu'il y a ... ici?	**Бу ерда ... борми?** Bu erda ... bormi?
Puis-je ... ?	**Мен ... бўладими?** Men ... bo'ladimi?
s'il vous plaît (pour une demande)	**Марҳамат қилиб** Marhamat qilib
Je cherche ...	**Мен ... қидираяпман.** Men ... qidirayapman.
les toilettes	**ҳожатхона** hojatxona
un distributeur	**банкомат** bankomat
une pharmacie	**дорихона** dorixona
l'hôpital	**шифохона** shifoxona
le commissariat de police	**милиция бўлимини** militsiya bo'limini
une station de métro	**метро** metro

un taxi	**такси** taksi
la gare	**вокзал** vokzal

Je m'appelle ...	**Менинг исмим ...** Mening ismim ...
Comment vous appelez-vous?	**Исмингиз нима?** Ismingiz nima?
Aidez-moi, s'il vous plaît.	**Менга ёрдам бериб юборинг, илтимос.** Menga yordam berib yuboring, iltimos.
J'ai un problème.	**Менда бир муаммо бор.** Menda bir muammo bor.
Je ne me sens pas bien.	**Аҳволим ёмон.** Ahvolim yomon.
Appelez une ambulance!	**Тез ёрдам чақиринг!** Tez yordam chaqiring!
Puis-je faire un appel?	**Қўнғироқ қилсам бўладими?** Qo'ng'iroq qilsam bo'ladimi?

Excusez-moi.	**Узр, ...** Uzr, ...
Je vous en prie.	**Арзимайди** Arzimaydi

je, moi	**мен** men
tu, toi	**сен** sen
il	**у** u
elle	**у** u
ils	**улар** ular
elles	**улар** ular
nous	**биз** biz
vous	**сиз** siz
Vous	**Сиз** Siz

ENTRÉE	**КИРИШ** KIRISH
SORTIE	**ЧИҚИШ** CHIQISH
HORS SERVICE	EN PANNE	**ИШЛАМАЙДИ** ISHLAMAYDI

FERMÉ	**ЁПИҚ** YOPIQ
OUVERT	**ОЧИҚ** OCHIQ
POUR LES FEMMES	**АЁЛЛАР УЧУН** AYOLLAR UCHUN
POUR LES HOMMES	**ЭРКАКЛАР УЧУН** ERKAKLAR UCHUN

VOCABULAIRE THÉMATIQUE

Cette section contient plus de 3000 des mots les plus importants. Le dictionnaire sera d'une aide indispensable lors de voyages à l'étranger puisque les mots individuels sont souvent assez pour être compris. Le dictionnaire comprend une transcription utile de chaque mot

T&P Books Publishing

CONTENU DU DICTIONNAIRE

T&P Books Publishing

CONCEPTS DE BASE

T&P Books Publishing

1. Les pronoms

je	мен	men
tu	сен	sen
il, elle, ça	у	u
nous	биз	biz
vous	сиз	siz
ils, elles	улар	ular

2. Adresser des vœux. Se dire bonjour

Bonjour! (fam.)	Салом!	Salom!
Bonjour! (form.)	Ассалому алайкум!	Assalomu alaykum!
Bonjour! (le matin)	Хайрли тонг!	Xayrli tong!
Bonjour! (après-midi)	Хайрли кун!	Xayrli kun!
Bonsoir!	Хайрли окшом!	Xayrli oqshom!
dire bonjour	саломлашмоқ	salomlashmoq
Salut!	Салом бердик!	Salom berdik!
salut (m)	салом	salom
saluer (vt)	салом бермоқ	salom bermoq
Comment allez-vous?	Ишларингиз қалай?	Ishlaringiz qalay?
Comment ça va?	Ишларинг қалай?	Ishlaring qalay?
Quoi de neuf?	Янгилик борми?	Yangilik bormi?
Au revoir!	Хайр!	Xayr!
À bientôt!	Кўришқунча хайр!	Ko'rishquncha xayr!
Adieu!	Соғ бўлинг!	Sog' bo'ling!
dire au revoir	хайрлашмоқ	xayrlashmoq
Salut! (À bientôt!)	Ҳозирча хайр!	Hozircha xayr!
Merci!	Раҳмат!	Rahmat!
Merci beaucoup!	Катта раҳмат!	Katta rahmat!
Je vous en prie	Марҳамат	Marhamat
Il n'y a pas de quoi	Ташаккур билдиришга арзимайди.	Tashakkur bildirishga arzimaydi.
Pas de quoi	Арзимайди	Arzimaydi
Excuse-moi!	Кечир!	Kechir!
Excusez-moi!	Кечиринг!	Kechiring!
excuser (vt)	кечирмоқ	kechirmoq
s'excuser (vp)	кечирим сўрамоқ	kechirim so'ramoq
Mes excuses	Мени кечиргайсиз.	Meni kechirgaysiz.

Pardonnez-moi!	Афв етасиз!	Afv etasiz!
pardonner (vt)	афв етмоқ	afv etmoq
C'est pas grave	Ҳечқиси йўқ!	Hechqisi yo'q!
s'il vous plaît	марҳамат қилиб	marhamat qilib
N'oubliez pas!	Унутманг!	Unutmang!
Bien sûr!	Албатта!	Albatta!
Bien sûr que non!	Албатта, йўқ!	Albatta, yo'q!
D'accord!	Розиман!	Roziman!
Ça suffit!	Бас!	Bas!

3. Les questions

Qui?	Ким?	Kim?
Quoi?	Нима?	Nima?
Où? (~ es-tu?)	Қаерда?	Qaerda?
Où? (~ vas-tu?)	Қаерга?	Qaerga?
D'où?	Қаердан?	Qaerdan?
Quand?	Қачон?	Qachon?
Pourquoi? (~ es-tu venu?)	Нега?	Nega?
Pourquoi? (~ t'es pâle?)	Нима сабабдан?	Nima sababdan?
À quoi bon?	Нима учун?	Nima uchun?
Comment?	Қандай?	Qanday?
Quel? (à ~ prix?)	Қанақа?	Qanaqa?
Lequel?	Қайси?	Qaysi?
À qui? (pour qui?)	Кимга?	Kimga?
De qui?	Ким ҳақида?	Kim haqida?
De quoi?	Нима ҳақида?	Nima haqida?
Avec qui?	Ким билан?	Kim bilan?
Combien? (dénombr.)	Нечта?	Nechta?
Combien? (indénombr.)	Қанча?	Qancha?
À qui? (~ est ce livre?)	Кимники?	Kimniki?

4. Les prepositions

avec (~ toi)	... билан	... bilan
sans (~ sucre)	... сиз	... siz
à (aller ~ ...)	... га	... ga
de (au sujet de)	ҳақида	haqida
avant (~ midi)	аввал	avval
devant (~ la maison)	олдин	oldin
sous (~ la commode)	тагида	tagida
au-dessus de ...	устида	ustida
sur (dessus)	... да	... da

de (venir ~ Paris)	... дан	... dan
en (en bois, etc.)	... дан	... dan
dans (~ deux heures)	... дан кейин	... dan keyin
par dessus	устидан	ustidan

5. Les mots-outils. Les adverbes. Partie 1

Où? (~ es-tu?)	Қаерда?	Qaerda?
ici (c'est ~)	шу ерда	shu erda
là-bas (c'est ~)	у ерда	u erda
quelque part (être)	қаердадир	qaerdadir
nulle part (adv)	ҳеч қаерда	hech qaerda
près de ...	... ёнида	... yonida
près de la fenêtre	дераза ёнида	deraza yonida
Où? (~ vas-tu?)	Қаерга?	Qaerga?
ici (Venez ~)	бу ерга	bu erga
là-bas (j'irai ~)	у ерга	u erga
d'ici (adv)	бу ердан	bu erdan
de là-bas (adv)	у ердан	u erdan
près (pas loin)	яқин	yaqin
loin (adv)	узоқ	uzoq
près de (~ Paris)	ёнида, яқинида	yonida, yaqinida
tout près (adv)	ёнма-ён	yonma-yon
pas loin (adv)	узоқ эмас	uzoq emas
gauche (adj)	чап	chap
à gauche (être ~)	чапдан	chapdan
à gauche (tournez ~)	чапга	chapga
droit (adj)	ўнг	o'ng
à droite (être ~)	ўнгда	o'ngda
à droite (tournez ~)	ўнгга	o'ngga
devant (adv)	олдида	oldida
de devant (adj)	олдинги	oldingi
en avant (adv)	олдинга	oldinga
derrière (adv)	орқада	orqada
par derrière (adv)	орқадан	orqadan
en arrière (regarder ~)	орқага	orqaga
milieu (m)	ўрта	o'rta
au milieu (adv)	ўртада	o'rtada
de côté (vue ~)	ёнида	yonida

partout (adv)	ҳар ерда	har erda
autour (adv)	атрофда	atrofda
de l'intérieur	ичида	ichida
quelque part (aller)	қаергадир	qaergadir
tout droit (adv)	тўғри йўлдан	to'g'ri yo'ldan
en arrière (revenir ~)	қарама-қарши томонга	qarama-qarshi tomonga
de quelque part (n'import d'où)	бирор жойдан	biror joydan
de quelque part (on ne sait pas d'où)	қаердандир	qaerdandir
premièrement (adv)	биринчидан	birinchidan
deuxièmement (adv)	иккинчидан	ikkinchidan
troisièmement (adv)	учинчидан	uchinchidan
soudain (adv)	тўсатдан	to'satdan
au début (adv)	дастлаб	dastlab
pour la première fois	илк бор	ilk bor
bien avant ...	анча олдин	ancha oldin
de nouveau (adv)	янгидан	yangidan
pour toujours (adv)	бутунлай	butunlay
jamais (adv)	ҳеч қачон	hech qachon
de nouveau, encore (adv)	яна	yana
maintenant (adv)	ҳозир	hozir
souvent (adv)	тез-тез	tez-tez
alors (adv)	ўшанда	o'shanda
d'urgence (adv)	тезда	tezda
d'habitude (adv)	одатда	odatda
à propos, ...	айтганча, ...	aytgancha, ...
c'est possible	бўлиши мумкин	bo'lishi mumkin
probablement (adv)	еҳтимол	ehtimol
peut-être (adv)	бўлиши мумкин	bo'lishi mumkin
en plus, ...	ундан ташқари, ...	undan tashqari, ...
c'est pourquoi ...	шунинг учун	shuning uchun
malgré ...	... га қарамай	... ga qaramay
grâce à ...	... туфайли	... tufayli
quoi (pron)	нима	nima
que (conj)	... ки	... ki
quelque chose (Il m'est arrivé ~)	қандайдир	qandaydir
quelque chose (peut-on faire ~)	бирор нарса	biror narsa
rien (ııı)	ҳсʻı ııарса	hooh narca
qui (pron)	ким	kim
quelqu'un (on ne sait pas qui)	кимдир	kimdir

quelqu'un (n'importe qui)	бирортаси	birortasi
personne (pron)	ҳеч ким	hech kim
nulle part (aller ~)	ҳеч қаерга	hech qaerga
de personne	егасиз	egasiz
de n'importe qui	бирор кимсаники	biror kimsaniki
comme ça (adv)	шундай	shunday
également (adv)	ҳамда	hamda
aussi (adv)	ҳам	ham

6. Les mots-outils. Les adverbes. Partie 2

Pourquoi?	Нимага?	Nimaga?
pour une certaine raison	нимагадир	nimagadir
parce que …	чунки …	chunki …
pour une raison quelconque	негадир	negadir
et (conj)	ва	va
ou (conj)	ёки	yoki
mais (conj)	лекин	lekin
pour … (prep)	учун	uchun
trop (adv)	жуда ҳам	juda ham
seulement (adv)	фақат	faqat
précisément (adv)	аниқ	aniq
près de … (prep)	тақрибан	taqriban
approximativement	тахминан	taxminan
approximatif (adj)	тахминий	taxminiy
presque (adv)	деярли	deyarli
reste (m)	қолгани	qolgani
l'autre (adj)	нариги	narigi
autre (adj)	бошқа	boshqa
chaque (adj)	ҳар бир	har bir
n'importe quel (adj)	ҳар қандай	har qanday
beaucoup (adv)	кўп	ko'p
plusieurs (pron)	кўпчилик	ko'pchilik
tous	барча	barcha
en échange de …	… ўрнига	… o'rniga
en échange (adv)	евазига	evaziga
à la main (adv)	кўл билан	qo'l bilan
peu probable (adj)	еҳтимолдан узоқ	ehtimoldan uzoq
probablement (adv)	еҳтимол	ehtimol
exprès (adv)	атайин	atayin
par accident (adv)	тасодифан	tasodifan
très (adv)	жуда	juda

par exemple (adv)	**масалан**	masalan
entre (prep)	**ўртасида**	o'rtasida
parmi (prep)	**ичида**	ichida
autant (adv)	**шунча**	shuncha
surtout (adv)	**айниқса**	ayniqsa

T&P BOOKS

NOMBRES. DIVERS

T&P Books Publishing

zéro	нол	nol
un	бир	bir
deux	икки	ikki
trois	уч	uch
quatre	тўрт	to'rt
cinq	беш	besh
six	олти	olti
sept	етти	etti
huit	саккиз	sakkiz
neuf	тўққиз	to'qqiz
dix	ўн	o'n
onze	ўн бир	o'n bir
douze	ўн икки	o'n ikki
treize	ўн уч	o'n uch
quatorze	ўн тўрт	o'n to'rt
quinze	ўн беш	o'n besh
seize	ўн олти	o'n olti
dix-sept	ўн етти	o'n etti
dix-huit	ўн саккиз	o'n sakkiz
dix-neuf	ўн тўққиз	o'n to'qqiz
vingt	йигирма	yigirma
vingt et un	йигирма бир	yigirma bir
vingt-deux	йигирма икки	yigirma ikki
vingt-trois	йигирма уч	yigirma uch
trente	ўттиз	o'ttiz
trente et un	ўттиз бир	o'ttiz bir
trente-deux	ўттиз икки	o'ttiz ikki
trente-trois	ўттиз уч	o'ttiz uch
quarante	қирқ	qirq
quarante et un	қирқ бир	qirq bir
quarante-deux	қирқ икки	qirq ikki
quarante-trois	қирқ уч	qirq uch
cinquante	еллик	ellik
cinquante et un	еллик бир	ellik bir
cinquante-deux	еллик икки	ellik ikki
cinquante-trois	еллик уч	ellik uch
soixante	олтмиш	oltmish

soixante et un	олтмиш бир	oltmish bir
soixante-deux	олтмиш икки	oltmish ikki
soixante-trois	олтмиш уч	oltmish uch

soixante-dix	етмиш	etmish
soixante et onze	етмиш бир	etmish bir
soixante-douze	етмиш икки	etmish ikki
soixante-treize	етмиш уч	etmish uch

quatre-vingts	саксон	sakson
quatre-vingt et un	саксон бир	sakson bir
quatre-vingt deux	саксон икки	sakson ikki
quatre-vingt trois	саксон уч	sakson uch

quatre-vingt-dix	тўқсон	to'qson
quatre-vingt et onze	тўқсон бир	to'qson bir
quatre-vingt-douze	тўқсон икки	to'qson ikki
quatre-vingt-treize	тўқсон уч	to'qson uch

8. Les nombres cardinaux. Partie 2

cent	юз	yuz
deux cents	икки юз	ikki yuz
trois cents	уч юз	uch yuz
quatre cents	тўрт юз	to'rt yuz
cinq cents	беш юз	besh yuz

six cents	олти юз	olti yuz
sept cents	етти юз	etti yuz
huit cents	саккиз юз	sakkiz yuz
neuf cents	тўққиз юз	to'qqiz yuz

mille	минг	ming
deux mille	икки минг	ikki ming
trois mille	уч минг	uch ming
dix mille	ўн минг	o'n ming
cent mille	юз минг	yuz ming
million (m)	миллион	million
milliard (m)	миллиард	milliard

9. Les nombres ordinaux

premier (adj)	биринчи	birinchi
deuxième (adj)	иккинчи	ikkinchi
troisième (adj)	учинчи	uchinchi
quatrième (adj)	тўртинчи	to'rtinchi
cinquième (adj)	бешинчи	beshinchi
sixième (adj)	олтинчи	oltinchi

septième (adj)	еттинчи	ettinchi
huitième (adj)	саккизинчи	sakkizinchi
neuvième (adj)	тўққизинчи	to'qqizinchi
dixième (adj)	ўнинчи	o'ninchi

LES COULEURS.
LES UNITÉS DE MESURE

T&P Books Publishing

10. Les couleurs

couleur (f)	ранг	rang
teinte (f)	рангдаги нозик фарқ	rangdagi nozik farq
ton (m)	тус	tus
arc-en-ciel (m)	камалак	kamalak
blanc (adj)	оқ	oq
noir (adj)	қора	qora
gris (adj)	кул ранг	kul rang
vert (adj)	яшил	yashil
jaune (adj)	сариқ	sariq
rouge (adj)	қизил	qizil
bleu (adj)	кўк	ko'k
bleu clair (adj)	ҳаво ранг	havo rang
rose (adj)	пушти	pushti
orange (adj)	тўқ сариқ	to'q sariq
violet (adj)	бинафша ранг	binafsha rang
brun (adj)	жигар ранг	jigar rang
d'or (adj)	олтин ранг	oltin rang
argenté (adj)	кумуш ранг	kumush rang
beige (adj)	оч жигар ранг	och jigar rang
crème (adj)	оч сариқ ранг	och sariq rang
turquoise (adj)	феруза ранг	feruza rang
rouge cerise (adj)	олча ранг	olcha rang
lilas (adj)	нафармон	nafarmon
framboise (adj)	тўқ қизил ранг	to'q qizil rang
clair (adj)	оч	och
foncé (adj)	тўқ	to'q
vif (adj)	ёрқин	yorqin
de couleur (adj)	рангли	rangli
en couleurs (adj)	рангли	rangli
noir et blanc (adj)	оқ-қора	oq-qora
unicolore (adj)	бир рангдаги	bir rangdagi
multicolore (adj)	ранг-баранг	rang-barang

11. Les unités de mesure

poids (m)	вазн	vazn
longueur (f)	узунлик	uzunlik

largeur (f)	кенглик	kenglik
hauteur (f)	баландлик	balandlik
profondeur (f)	чуқурлик	chuqurlik
volume (m)	ҳажм	hajm
aire (f)	майдон	maydon
gramme (m)	грамм	gramm
milligramme (m)	миллиграмм	milligramm
kilogramme (m)	килограмм	kilogramm
tonne (f)	тонна	tonna
livre (f)	фунт	funt
once (f)	унция	untsiya
mètre (m)	метр	metr
millimètre (m)	миллиметр	millimetr
centimètre (m)	сантиметр	santimetr
kilomètre (m)	километр	kilometr
mille (m)	миля	milya
pouce (m)	дюйм	dyuym
pied (m)	фут	fut
yard (m)	ярд	yard
mètre (m) carré	квадрат метр	kvadrat metr
hectare (m)	гектар	gektar
litre (m)	литр	litr
degré (m)	градус	gradus
volt (m)	волт	volt
ampère (m)	ампер	amper
cheval-vapeur (m)	от кучи	ot kuchi
quantité (f)	миқдор	miqdor
un peu de …	бироз …	biroz …
moitié (f)	ярим	yarim
douzaine (f)	ўн иккита	o'n ikkita
pièce (f)	дона	dona
dimension (f)	ўлчам	o'lcham
échelle (f) (de la carte)	масштаб	masshtab
minimal (adj)	минимал	minimal
le plus petit (adj)	енг кичик	eng kichik
moyen (adj)	ўрта	o'rta
maximal (adj)	максимал	maksimal
le plus grand (adj)	енг катта	eng katta

12. Les récipients

bocal (m) en verre	банка	banka
boîte, canette (f)	банка	banka

seau (m)	челак	chelak
tonneau (m)	бочка	bochka
bassine, cuvette (f)	жом	jom
cuve (f)	бак	bak
flasque (f)	фляжка	flyajka
jerrican (m)	канистра	kanistra
citerne (f)	систерна	sisterna
tasse (f), mug (m)	кружка	krujka
tasse (f)	косача	kosacha
soucoupe (f)	ликопча	likopcha
verre (m) (~ d'eau)	стакан	stakan
verre (m) à vin	қадаҳ	qadah
faitout (m)	кастрюл	kastryul
bouteille (f)	бутилка	butilka
goulot (m)	бўғзи	bo'g'zi
carafe (f)	графин	grafin
pichet (m)	кўза	ko'za
récipient (m)	идиш	idish
pot (m)	хумча	xumcha
vase (m)	ваза	vaza
flacon (m)	флакон	flakon
fiole (f)	шишача	shishacha
tube (m)	тюбик	tyubik
sac (m) (grand ~)	қоп	qop
sac (m) (~ en plastique)	қоғоз халта	qog'oz xalta
paquet (m) (~ de cigarettes)	қути	quti
boîte (f)	қути	quti
caisse (f)	яшик	yashik
panier (m)	сават	savat

T&P BOOKS

LES VERBES
LES PLUS IMPORTANTS

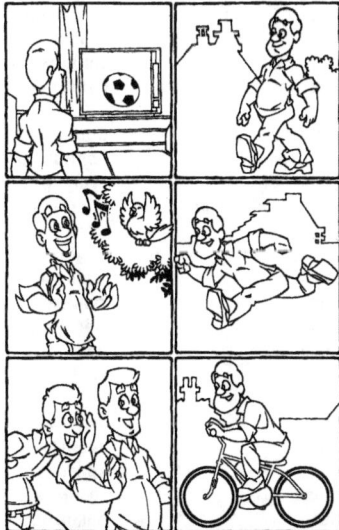

T&P Books Publishing

aider (vt)	ёрдамлашмоқ	yordamlashmoq
aimer (qn)	севмоқ	sevmoq
aller (à pied)	юрмоқ	yurmoq
apercevoir (vt)	кўриб қолмоқ	ko'rib qolmoq
appartenir à …	тегишли бўлмоқ	tegishli bo'lmoq
appeler (au secours)	чақирмоқ	chaqirmoq
attendre (vt)	кутмоқ	kutmoq
attraper (vt)	тутмоқ	tutmoq
avertir (vt)	огоҳлантирмоқ	ogohlantirmoq
avoir (vt)	ега бўлмоқ	ega bo'lmoq
avoir confiance	ишонмоқ	ishonmoq
avoir faim	ейишни истамоқ	eyishni istamoq
avoir peur	қўрқмоқ	qo'rqmoq
avoir soif	чанқамоқ	chanqamoq
cacher (vt)	беркитмоқ	berkitmoq
casser (briser)	синдирмоқ	sindirmoq
cesser (vt)	тўхтатмоқ	to'xtatmoq
changer (vt)	ўзгартирмоқ	o'zgartirmoq
chasser (animaux)	ов қилмоқ	ov qilmoq
chercher (vt)	… изламоқ	… izlamoq
choisir (vt)	танламоқ	tanlamoq
commander (~ le menu)	буюртма бермоқ	buyurtma bermoq
commencer (vt)	бошламоқ	boshlamoq
comparer (vt)	солиштирмоқ	solishtirmoq
comprendre (vt)	тушунмоқ	tushunmoq
compter (dénombrer)	ҳисобламоқ	hisoblamoq
compter sur …	… га умид қилмоқ	… ga umid qilmoq
confondre (vt)	адаштирмоқ	adashtirmoq
connaître (qn)	танимоқ	tanimoq
conseiller (vt)	маслаҳат бермоқ	maslahat bermoq
continuer (vt)	давом еттирмоқ	davom ettirmoq
contrôler (vt)	назорат қилмоқ	nazorat qilmoq
courir (vi)	югурмоқ	yugurmoq
coûter (vt)	арзимоқ	arzimoq
créer (vt)	яратмоқ	yaratmoq
creuser (vt)	қазимоқ	qazimoq
crier (vi)	бақирмоқ	baqirmoq

14. Les verbes les plus importants. Partie 2

décorer (~ la maison)	безамоқ	bezamoq
défendre (vt)	ҳимоя қилмоқ	himoya qilmoq
déjeuner (vi)	тушлик қилмоқ	tushlik qilmoq
demander (~ l'heure)	сўрамоқ	so'ramoq
demander (de faire qch)	сўрамоқ	so'ramoq

descendre (vi)	тушмоқ	tushmoq
deviner (vt)	топмоқ	topmoq
dîner (vi)	кечки овқатни емоқ	kechki ovqatni emoq
dire (vt)	айтмоқ	aytmoq
diriger (~ une usine)	бошқармоқ	boshqarmoq
discuter (vt)	муҳокама қилмоқ	muhokama qilmoq

donner (vt)	бермоқ	bermoq
donner un indice	ишора қилмоқ	ishora qilmoq
douter (vt)	иккиланмоқ	ikkilanmoq
écrire (vt)	ёзмоқ	yozmoq
entendre (bruit, etc.)	эшитмоқ	eshitmoq

entrer (vi)	кирмоқ	kirmoq
envoyer (vt)	жўнатмоқ	jo'natmoq
espérer (vi)	умид қилмоқ	umid qilmoq
essayer (vt)	уриниб кўрмоқ	urinib ko'rmoq

être (vi)	бўлмоқ	bo'lmoq
être d'accord	рози бўлмоқ	rozi bo'lmoq

être nécessaire	керак бўлмоқ	kerak bo'lmoq
être pressé	шошилмоқ	shoshilmoq

étudier (vt)	ўрганмоқ	o'rganmoq
excuser (vt)	кечирмоқ	kechirmoq
exiger (vt)	талаб қилмоқ	talab qilmoq

exister (vi)	мавжуд бўлмоқ	mavjud bo'lmoq
expliquer (vt)	тушунтирмоқ	tushuntirmoq

faire (vt)	қилмоқ	qilmoq
faire tomber	туширмоқ	tushirmoq
finir (vt)	тугатмоқ	tugatmoq

garder (conserver)	сақламоқ	saqlamoq
gronder, réprimander (vt)	койимоқ	koyimoq

informer (vt)	хабардор қилмоқ	xabardor qilmoq
insister (vi)	талаб қилмоқ	talab qilmoq
insulter (vt)	ҳақоратламоқ	haqoratlamoq
inviter (vt)	таклиф қилмоқ	taklif qilmoq
jouer (s'amuser)	ўйнамоқ	o'ynamoq

15. Les verbes les plus importants. Partie 3

libérer (ville, etc.)	халос қилмоқ	xalos qilmoq
lire (vi, vt)	ўқимоқ	o'qimoq
louer (prendre en location)	ижарага олмоқ	ijaraga olmoq
manquer (l'école)	қолдирмоқ	qoldirmoq
menacer (vt)	пўписа қилмоқ	po'pisa qilmoq
mentionner (vt)	еслатиб ўтмоқ	eslatib o'tmoq
montrer (vt)	кўрсатмоқ	ko'rsatmoq
nager (vi)	сузмоқ	suzmoq
objecter (vt)	еътироз билдирмоқ	e'tiroz bildirmoq
observer (vt)	кузатмоқ	kuzatmoq
ordonner (mil.)	буюрмоқ	buyurmoq
oublier (vt)	унутмоқ	unutmoq
ouvrir (vt)	очмоқ	ochmoq
pardonner (vt)	кечирмоқ	kechirmoq
parler (vi, vt)	гапирмоқ	gapirmoq
participer à …	иштирок етмоқ	ishtirok etmoq
payer (régler)	тўламоқ	to'lamoq
penser (vi, vt)	ўйламоқ	o'ylamoq
permettre (vt)	рухсат бермоқ	ruxsat bermoq
plaire (être apprécié)	ёқмоқ	yoqmoq
plaisanter (vi)	ҳазиллашмоқ	hazillashmoq
planifier (vt)	режаламоқ	rejalamoq
pleurer (vi)	йиғламоқ	yig'lamoq
posséder (vt)	ега бўлмоқ	ega bo'lmoq
pouvoir (v aux)	уддаламоқ	uddalamoq
préférer (vt)	афзал кўрмоқ	afzal ko'rmoq
prendre (vt)	олмоқ	olmoq
prendre en note	ёзиб олмоқ	yozib olmoq
prendre le petit déjeuner	нонушта қилмоқ	nonushta qilmoq
préparer (le dîner)	тайёрламоқ	tayyorlamoq
prévoir (vt)	олдиндан кўрмоқ	oldindan ko'rmoq
prier (~ Dieu)	ибодат қилмоқ	ibodat qilmoq
promettre (vt)	ваъда бермоқ	va'da bermoq
prononcer (vt)	айтмоқ	aytmoq
proposer (vt)	таклиф қилмоқ	taklif qilmoq
punir (vt)	жазоламоқ	jazolamoq

16. Les verbes les plus importants. Partie 4

| recommander (vt) | тавсия қилмоқ | tavsiya qilmoq |
| regretter (vt) | афсусланмоқ | afsuslanmoq |

répéter (dire encore)	қайтармоқ	qaytarmoq
répondre (vi, vt)	жавоб бермоқ	javob bermoq
réserver (une chambre)	захира қилиб қўймоқ	zaxira qilib qo'ymoq

rester silencieux	индамай турмоқ	indamay turmoq
réunir (regrouper)	бирлаштирмоқ	birlashtirmoq
rire (vi)	кулмоқ	kulmoq
s'arrêter (vp)	тўхтамоқ	to'xtamoq
s'asseoir (vp)	ўтирмоқ	o'tirmoq

sauver (la vie à qn)	қутқармоқ	qutqarmoq
savoir (qch)	билмоқ	bilmoq
se baigner (vp)	чўмилмоқ	cho'milmoq
se plaindre (vp)	шикоят қилмоқ	shikoyat qilmoq
se refuser (vp)	рад қилмоқ	rad qilmoq

se tromper (vp)	адашмоқ	adashmoq
se vanter (vp)	мақтанмоқ	maqtanmoq
s'étonner (vp)	ҳайрон қолмоқ	hayron qolmoq
s'excuser (vp)	кечирим сўрамоқ	kechirim so'ramoq
signer (vt)	имзоламоқ	imzolamoq

signifier (vt)	билдирмоқ	bildirmoq
s'intéresser (vp)	қизиқмоқ	qiziqmoq
sortir (aller dehors)	чиқмоқ	chiqmoq
sourire (vi)	жилмаймоқ	jilmaymoq
sous-estimer (vt)	кам баҳо бермоқ	kam baho bermoq

suivre ... (suivez-moi)	... орқасидан бормоқ	... orqasidan bormoq
tirer (vi)	отмоқ	otmoq
tomber (vi)	йиқилмоқ	yiqilmoq
toucher (avec les mains)	тегмоқ	tegmoq
tourner (~ à gauche)	бурмоқ	burmoq

traduire (vt)	таржима қилмоқ	tarjima qilmoq
travailler (vi)	ишламоқ	ishlamoq
tromper (vt)	алдамоқ	aldamoq
trouver (vt)	топмоқ	topmoq
tuer (vt)	ўлдирмоқ	o'ldirmoq
vendre (vt)	сотмоқ	sotmoq

venir (vi)	етиб келмоқ	etib kelmoq
voir (vt)	кўрмоқ	ko'rmoq
voler (avion, oiseau)	учмоқ	uchmoq
voler (qch à qn)	ўғирламоқ	o'g'irlamoq
vouloir (vt)	истамоқ	istamoq

T&P BOOKS

LA NOTION DE TEMPS. LE CALENDRIER

T&P Books Publishing

lundi (m)	душанба	dushanba
mardi (m)	сешанба	seshanba
mercredi (m)	чоршанба	chorshanba
jeudi (m)	пайшанба	payshanba
vendredi (m)	жума	juma
samedi (m)	шанба	shanba
dimanche (m)	якшанба	yakshanba
aujourd'hui (adv)	бугун	bugun
demain (adv)	ертага	ertaga
après-demain (adv)	индинга	indinga
hier (adv)	кеча	kecha
avant-hier (adv)	ўтган куни	o'tgan kuni
jour (m)	кун	kun
jour (m) ouvrable	иш куни	ish kuni
jour (m) férié	байрам куни	bayram kuni
jour (m) de repos	дам олиш куни	dam olish kuni
week-end (m)	дам олиш кунлари	dam olish kunlari
toute la journée	кун бўйи	kun bo'yi
le lendemain	ертаси куни	ertasi kuni
il y a 2 jours	икки кун аввал	ikki kun avval
la veille	арафасида	arafasida
quotidien (adj)	ҳар кунги	har kungi
tous les jours	ҳар куни	har kuni
semaine (f)	ҳафта	hafta
la semaine dernière	ўтган ҳафта	o'tgan hafta
la semaine prochaine	келгуси ҳафтада	kelgusi haftada
hebdomadaire (adj)	ҳафталик	haftalik
chaque semaine	ҳар ҳафта	har hafta
2 fois par semaine	ҳафтасига икки марта	haftasiga ikki marta
tous les mardis	ҳар сешанба	har seshanba

matin (m)	тонг	tong
le matin	ерталаб	ertalab
midi (m)	чошгоҳ	choshgoh
dans l'après-midi	тушликдан сўнг	tushlikdan so'ng
soir (m)	оқшом	oqshom

le soir	кечқурун	kechqurun
nuit (f)	тун	tun
la nuit	тунда	tunda
minuit (f)	ярим тун	yarim tun

seconde (f)	сония	soniya
minute (f)	дақиқа	daqiqa
heure (f)	соат	soat
demi-heure (f)	ярим соат	yarim soat
un quart d'heure	чорак соат	chorak soat
quinze minutes	ўн беш дақиқа	o'n besh daqiqa
vingt-quatre heures	сутка	sutka

lever (m) du soleil	қуёш чиқиши	quyosh chiqishi
aube (f)	тонг отиши	tong otishi
point (m) du jour	ерта тонг	erta tong
coucher (m) du soleil	кун ботиши	kun botishi

tôt le matin	ерталаб	ertalab
ce matin	бугун ерталаб	bugun ertalab
demain matin	ертага тонгда	ertaga tongda

cet après-midi	бугун кундузи	bugun kunduzi
dans l'après-midi	тушликдан сўнг	tushlikdan so'ng
demain après-midi	ертага тушликдан сўнг	ertaga tushlikdan so'ng

| ce soir | бугун кечқурун | bugun kechqurun |
| demain soir | ертага кечқурун | ertaga kechqurun |

à 3 heures précises	роппа-роса соат учда	roppa-rosa soat uchda
autour de 4 heures	соат тўртлар атрофида	soat to'rtlar atrofida
vers midi	соат ўн иккиларга	soat o'n ikkilarga

| dans 20 minutes | йигирма дақиқадан кейин | yigirma daqiqadan keyin |

| dans une heure | бир соатдан кейин | bir soatdan keyin |
| à temps | вақтида | vaqtida |

... moins le quart	чоракам	chorakam
en une heure	бир соат давомида	bir soat davomida
tous les quarts d'heure	ҳар ў беш дақиқада	har o' besh daqiqada
24 heures sur 24	кечаю-кундуз	kechayu-kunduz

19. Les mois. Les saisons

janvier (m)	январ	yanvar
février (m)	феврал	fevral
mars (m)	март	mart
avril (m)	апрел	aprel
mai (m)	май	may

juin (m)	июн	iyun
juillet (m)	июл	iyul
août (m)	август	avgust
septembre (m)	сентябр	sentyabr
octobre (m)	октябр	oktyabr
novembre (m)	ноябр	noyabr
décembre (m)	декабр	dekabr
printemps (m)	баҳор	bahor
au printemps	баҳорда	bahorda
de printemps (adj)	баҳорги	bahorgi
été (m)	ёз	yoz
en été	ёзда	yozda
d'été (adj)	ёзги	yozgi
automne (m)	куз	kuz
en automne	кузгда	kuzgda
d'automne (adj)	кузги	kuzgi
hiver (m)	қиш	qish
en hiver	қишда	qishda
d'hiver (adj)	қишки	qishki
mois (m)	ой	oy
ce mois	бу ой	bu oy
le mois prochain	янаги ойда	yanagi oyda
le mois dernier	ўтган ойда	o'tgan oyda
il y a un mois	бир ой аввал	bir oy avval
dans un mois	бир ойдан кейин	bir oydan keyin
dans 2 mois	икки ойдан кейин	ikki oydan keyin
tout le mois	ой бўйи	oy bo'yi
tout un mois	бутун ой давомида	butun oy davomida
mensuel (adj)	ойлик	oylik
mensuellement	ҳар ойда	har oyda
chaque mois	ҳар ойда	har oyda
2 fois par mois	ойига икки марта	oyiga ikki marta
année (f)	йил	yil
cette année	шу йили	shu yili
l'année prochaine	кейинги йили	keyingi yili
l'année dernière	ўтган йили	o'tgan yili
il y a un an	бир йил аввал	bir yil avval
dans un an	бир йилдан кейин	bir yildan keyin
dans 2 ans	икки йилдан кейин	ikki yildan keyin
toute l'année	йил бўйи	yil bo'yi
toute une année	бутун йил давомида	butun yil davomida
chaque année	ҳар йили	har yili
annuel (adj)	ҳар йилги	har yilgi

annuellement	**ҳар йилда**	har yilda
4 fois par an	**йилига тўрт марта**	yiliga to'rt marta
date (f) (jour du mois)	**ойнинг куни**	oyning kuni
date (f) (~ mémorable)	**сана**	sana
calendrier (m)	**календар**	kalendar
six mois	**ярим йил**	yarim yil
semestre (m)	**ярим йиллик**	yarim yillik
saison (f)	**мавсум**	mavsum
siècle (m)	**аср**	asr

LES VOYAGES. L'HÔTEL

USD CAD
EUR CHF
JPY HKD
GBP CNY

RECEPTION

T&P Books Publishing

tourisme (m)	туризм	turizm
touriste (m)	сайёх	sayyoh
voyage (m) (à l'étranger)	саёхат	sayohat
aventure (f)	саргузашт	sarguzasht
voyage (m)	сафарга бориб келиш	safarga borib kelish
vacances (f pl)	таътил	ta'til
être en vacances	таътилга чиқмоқ	ta'tilga chiqmoq
repos (m) (jours de ~)	дам олиш	dam olish
train (m)	поезд	poezd
en train	поездда	poezdda
avion (m)	самолёт	samolyot
en avion	самолётда	samolyotda
en voiture	автомобилда	avtomobilda
en bateau	кемада	kemada
bagage (m)	юк	yuk
malle (f)	чамадон	chamadon
chariot (m)	чамадон учун аравача	chamadon uchun aravacha
passeport (m)	паспорт	pasport
visa (m)	виза	viza
ticket (m)	чипта	chipta
billet (m) d'avion	авиачипта	aviachipta
guide (m) (livre)	йўлкўрсаткич	yo'lko'rsatkich
carte (f)	харита	xarita
région (f) (~ rurale)	жой	joy
endroit (m)	жой	joy
exotisme (m)	екзотика	ekzotika
exotique (adj)	екзотик	ekzotik
étonnant (adj)	ажойиб	ajoyib
groupe (m)	гурух	guruh
excursion (f)	екскурсия	ekskursiya
guide (m) (personne)	екскурсия рахбари	ekskursiya rahbari

hôtel (m)	мехмонхона	mehmonxona
motel (m)	мотел	motel

3 étoiles	уч юлдуз	uch yulduz
5 étoiles	беш юлдуз	besh yulduz
descendre (à l'hôtel)	тўхтамоқ	to'xtamoq

chambre (f)	номер, хона	nomer, xona
chambre (f) simple	бир ўринли номер	bir o'rinli nomer
chambre (f) double	икки ўринли номер	ikki o'rinli nomer
réserver une chambre	номерни банд қилмоқ	nomerni band qilmoq

| demi-pension (f) | ярим пансион | yarim pansion |
| pension (f) complète | тўлиқ пансион | to'liq pansion |

avec une salle de bain	ваннаси билан	vannasi bilan
avec une douche	души билан	dushi bilan
télévision (f) par satellite	спутник телевидени090c] спутник телевиденияси	sputnik televideniyasi
climatiseur (m)	кондиционер	konditsioner
serviette (f)	сочиқ	sochiq
clé (f)	калит	kalit

administrateur (m)	маъмур	ma'mur
femme (f) de chambre	ходима	xodima
porteur (m)	ҳаммол	hammol
portier (m)	порте	porte

restaurant (m)	ресторан	restoran
bar (m)	бар	bar
petit déjeuner (m)	нонушта	nonushta
dîner (m)	кечки овқат	kechki ovqat
buffet (m)	швед столи	shved stoli

| hall (m) | вестибюл | vestibyul |
| ascenseur (m) | лифт | lift |

| PRIÈRE DE NE PAS DÉRANGER | БЕЗОВТА ҚИЛИНМАСИН! | BEZOVTA QILINMASIN! |
| DÉFENSE DE FUMER | СҲЕКИЛМАСИН! | CHEKILMASIN! |

22. Le tourisme

monument (m)	ҳайкал	haykal
forteresse (f)	қалъа	qal'a
palais (m)	сарой	saroy
château (m)	қаср	qasr
tour (f)	минора	minora
mausolée (m)	мақбара	maqbara

architecture (f)	меъморчилик	me'morchilik
médiéval (adj)	ўрта асрларга оид	o'rta asrlarga oid
ancien (adj)	қадимги	qadimgi
national (adj)	миллий	milliy

connu (adj)	таниқли	taniqli
touriste (m)	сайёх	sayyoh
guide (m) (personne)	гид	gid
excursion (f)	екскурсия	ekskursiya
montrer (vt)	кўрсатмоқ	ko'rsatmoq
raconter (une histoire)	сўзлаб бермоқ	so'zlab bermoq
trouver (vt)	топмоқ	topmoq
se perdre (vp)	йўқолмоқ	yo'qolmoq
plan (m) (du metro, etc.)	схема	sxema
carte (f) (de la ville, etc.)	чизма	chizma
souvenir (m)	ёдгорлик	yodgorlik
boutique (f) de souvenirs	ёдгорликлар дўкони	yodgorliklar do'koni
prendre en photo	фотосурат олмоқ	fotosurat olmoq
se faire prendre en photo	суратга тушмоқ	suratga tushmoq

T&P BOOKS

LES TRANSPORTS

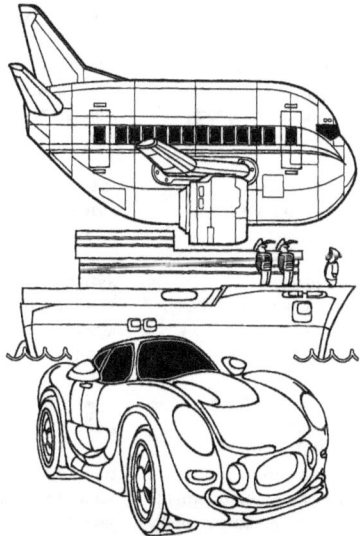

T&P Books Publishing

aéroport (m)	аэропорт	aeroport
avion (m)	самолёт	samolyot
compagnie (f) aérienne	авиакомпания	aviakompaniya
contrôleur (m) aérien	диспетчер	dispetcher
départ (m)	учиб кетиш	uchib ketish
arrivée (f)	учиб келиш	uchib kelish
arriver (par avion)	учиб келмоқ	uchib kelmoq
temps (m) de départ	учиб кетиш вақти	uchib ketish vaqti
temps (m) d'arrivée	учиб келиш вақти	uchib kelish vaqti
être retardé	кечикмоқ	kechikmoq
retard (m) de l'avion	учиб кетишнинг кечикиши	uchib ketishning kechikishi
tableau (m) d'informations	маълумотлар таблоси	ma'lumotlar tablosi
information (f)	маълумот	ma'lumot
annoncer (vt)	эълон қилмоқ	e'lon qilmoq
vol (m)	рейс	reys
douane (f)	божхона	bojxona
douanier (m)	божхона ходими	bojxona xodimi
déclaration (f) de douane	декларация	deklaratsiya
remplir (vt)	тўлдирмоқ	to'ldirmoq
remplir la déclaration	декларация тўлдирмоқ	deklaratsiya to'ldirmoq
contrôle (m) de passeport	паспорт назорати	pasport nazorati
bagage (m)	юк	yuk
bagage (m) à main	қўл юки	qo'l yuki
chariot (m)	аравача	aravacha
atterrissage (m)	қўниш	qo'nish
piste (f) d'atterrissage	қўниш майдони	qo'nish maydoni
atterrir (vi)	қўнмоқ	qo'nmoq
escalier (m) d'avion	трап	trap
enregistrement (m)	рўйхатдан ўтиш	ro'yxatdan o'tish
comptoir (m) d'enregistrement	рўйхатдан ўтиш жойи	ro'yxatdan o'tish joyi
s'enregistrer (vp)	рўйхатдан ўтмоқ	ro'yxatdan o'tmoq
carte (f) d'embarquement	чиқиш талони	chiqish taloni
porte (f) d'embarquement	чиқиш	chiqish

transit (m)	транзит	tranzit
attendre (vt)	кутмоқ	kutmoq
salle (f) d'attente	кутиш зали	kutish zali
raccompagner (à l'aéroport, etc.)	кузатмоқ	kuzatmoq
dire au revoir	хайрлашмоқ	xayrlashmoq

24. L'avion

avion (m)	самолёт	samolyot
billet (m) d'avion	авиачипта	aviachipta
compagnie (f) aérienne	авиакомпания	aviakompaniya
aéroport (m)	аеропорт	aeroport
supersonique (adj)	товушдан тез	tovushdan tez

commandant (m) de bord	кема командири	kema komandiri
équipage (m)	екипаж	ekipaj
pilote (m)	учувчи	uchuvchi
hôtesse (f) de l'air	стюардесса	styuardessa
navigateur (m)	штурман	shturman

ailes (f pl)	қанотлар	qanotlar
queue (f)	дум	dum
cabine (f)	кабина	kabina
moteur (m)	двигател	dvigatel
train (m) d'atterrissage	шасси	shassi
turbine (f)	турбина	turbina

hélice (f)	пропеллер	propeller
boîte (f) noire	қора яшик	qora yashik
gouvernail (m)	штурвал	shturval
carburant (m)	ёқилғи	yoqilg'i

consigne (f) de sécurité	инструкция	instruktsiya
masque (m) à oxygène	кислород маскаси	kislorod maskasi
uniforme (m)	униформа	uniforma
gilet (m) de sauvetage	қутқарув жилети	qutqaruv jileti
parachute (m)	парашют	parashyut

décollage (m)	учиш	uchish
décoller (vi)	учиб чиқмоқ	uchib chiqmoq
piste (f) de décollage	учиш майдони	uchish maydoni

visibilité (f)	кўриниш	ko'rinish
vol (m) (~ d'oiseau)	парвоз	parvoz
altitude (f)	баландлик	balandlik
trou (m) d'air	ҳаво ўпқони	havo o'pqoni

| place (f) | ўрин | o'rin |
| écouteurs (m pl) | наушниклар | naushniklar |

tablette (f)	қайтарма столча	qaytarma stolcha
hublot (m)	иллюминатор	illyuminator
couloir (m)	ўтиш йўли	o'tish yo'li

25. Le train

train (m)	поезд	poezd
train (m) de banlieue	електр поезди	elektr poezdi
TGV (m)	тезюрар поезд	tezyurar poezd
locomotive (f) diesel	тепловоз	teplovoz
locomotive (f) à vapeur	паровоз	parovoz

| wagon (m) | вагон | vagon |
| wagon-restaurant (m) | вагон-ресторан | vagon-restoran |

rails (m pl)	релслар	relslar
chemin (m) de fer	темир йўл	temir yo'l
traverse (f)	шпала	shpala

quai (m)	платформа	platforma
voie (f)	йўл	yo'l
sémaphore (m)	семафор	semafor
station (f)	станция	stantsiya

conducteur (m) de train	машинист	mashinist
porteur (m)	ҳаммол	hammol
steward (m)	проводник	provodnik
passager (m)	йўловчи	yo'lovchi
contrôleur (m) de billets	назоратчи	nazoratchi

| couloir (m) | йўлак | yo'lak |
| frein (m) d'urgence | стоп-кран | stop-kran |

compartiment (m)	купе	kupe
couchette (f)	полка	polka
couchette (f) d'en haut	юқори полка	yuqori polka
couchette (f) d'en bas	пастки полка	pastki polka
linge (m) de lit	чойшаб	choyshab

ticket (m)	чипта	chipta
horaire (m)	жадвал	jadval
tableau (m) d'informations	табло	tablo

partir (vi)	жўнамоқ	jo'namoq
départ (m) (du train)	жўнаш	jo'nash
arriver (le train)	етиб келмоқ	etib kelmoq
arrivée (f)	етиб келиш	etib kelish

| arriver en train | поезда келмоқ | poezda kelmoq |
| prendre le train | поезга ўтирмоқ | poedga o'tirmoq |

descendre du train	поезддан тушмоқ	poezddan tushmoq
accident (m) ferroviaire	ҳалокат	halokat
dérailler (vi)	релслардан	relslardan
	чиқиб кетмоқ	chiqib ketmoq

locomotive (f) à vapeur	паровоз	parovoz
chauffeur (m)	ўтёқар	o'tyoqar
chauffe (f)	ўтхона	o'txona
charbon (m)	кўмир	ko'mir

26. Le bateau

bateau (m)	кема	kema
navire (m)	кема	kema

bateau (m) à vapeur	пароход	paroxod
paquebot (m)	теплоход	teploxod
bateau (m) de croisière	лайнер	layner
croiseur (m)	крейсер	kreyser

yacht (m)	яхта	yaxta
remorqueur (m)	шатакчи кема	shatakchi kema
péniche (f)	баржа	barja
ferry (m)	паром	parom

voilier (m)	елканли кема	elkanli kema
brigantin (m)	бригантина	brigantina

brise-glace (m)	музёрар	muzyorar
sous-marin (m)	сув ости кемаси	suv osti kemasi

canot (m) à rames	қайиқ	qayiq
dinghy (m)	шлюпка	shlyupka
canot (m) de sauvetage	қутқарув шлюпкаси	qutqaruv shlyupkasi
canot (m) à moteur	катер	kater

capitaine (m)	капитан	kapitan
matelot (m)	матрос	matros
marin (m)	денгизчи	dengizchi
équipage (m)	экипаж	ekipaj

maître (m) d'équipage	боцман	botsman
mousse (m)	юнга	yunga
cuisinier (m) du bord	кок	kok
médecin (m) de bord	кема врачи	kema vrachi

pont (m)	палуба	paluba
mât (m)	мачта	machta
voile (f)	елкан	elkan
cale (f)	трюм	tryum

proue (f)	тумшуқ	tumshuq
poupe (f)	қуйруқ	quyruq
rame (f)	ешкак	eshkak
hélice (f)	винт	vint
cabine (f)	каюта	kayuta
carré (m) des officiers	кают-компания	kayut-kompaniya
salle (f) des machines	машина бўлинмаси	mashina bo'linmasi
passerelle (f)	капитан кўприкчаси	kapitan ko'prikchasi
cabine (f) de T.S.F.	радиорубка	radiorubka
onde (f)	тўлқин	to'lqin
journal (m) de bord	кема журнали	kema jurnali
longue-vue (f)	узун дурбин	uzun durbin
cloche (f)	қўнғироқ	qo'ng'iroq
pavillon (m)	байроқ	bayroq
grosse corde (f) tressée	йўғон арқон	yo'g'on arqon
nœud (m) marin	тугун	tugun
rampe (f)	тутқич	tutqich
passerelle (f)	трап	trap
ancre (f)	лангар	langar
lever l'ancre	лангар кўтармоқ	langar ko'tarmoq
jeter l'ancre	лангар ташламоқ	langar tashlamoq
chaîne (f) d'ancrage	лангар занжири	langar zanjiri
port (m)	порт	port
embarcadère (m)	причал	prichal
accoster (vi)	келиб тўхтамоқ	kelib to'xtamoq
larguer les amarres	жўнамоқ	jo'namoq
voyage (m) (à l'étranger)	саёҳат	sayohat
croisière (f)	денгиз саёҳати	dengiz sayohati
cap (m) (suivre un ~)	курс	kurs
itinéraire (m)	маршрут	marshrut
chenal (m)	фарватер	farvater
bas-fond (m)	саёзлик	sayozlik
échouer sur un bas-fond	саёзликка ўтирмоқ	sayozlikka o'tirmoq
tempête (f)	довул	dovul
signal (m)	сигнал	signal
sombrer (vi)	чўкмоқ	cho'kmoq
Un homme à la mer!	сувда одам бор!	suvda odam bor!
SOS (m)	СОС!	SOS!
bouée (f) de sauvetage	қутқариш ҳалқаси	qutqarish halqasi

LA VILLE

T&P Books Publishing

autobus (m)	автобус	avtobus
tramway (m)	трамвай	tramvay
trolleybus (m)	троллейбус	trolleybus
itinéraire (m)	маршрут	marshrut
numéro (m)	рақам	raqam

prendre ...	... да бормоқ	... da bormoq
monter (dans l'autobus)	ўтирмоқ	o'tirmoq
descendre de ...	тушиб қолмоқ	tushib qolmoq

arrêt (m)	бекат	bekat
arrêt (m) prochain	кейинги бекат	keyingi bekat
terminus (m)	охирги бекат	oxirgi bekat
horaire (m)	жадвал	jadval
attendre (vt)	кутмоқ	kutmoq

ticket (m)	чипта	chipta
prix (m) du ticket	чипта нархи	chipta narxi

caissier (m)	кассачи	kassachi
contrôle (m) des tickets	назорат	nazorat
contrôleur (m)	назоратчи	nazoratchi

être en retard	кечга қолмоқ	kechga qolmoq
rater (~ le train)	... га кечга қолмоқ	... ga kechga qolmoq
se dépêcher	шошмоқ	shoshmoq

taxi (m)	такси	taksi
chauffeur (m) de taxi	таксичи	taksichi
en taxi	таксида	taksida
arrêt (m) de taxi	такси тўхташ жойи	taksi to'xtash joyi
appeler un taxi	такси чақирмоқ	taksi chaqirmoq
prendre un taxi	такси олмоқ	taksi olmoq

trafic (m)	кўча ҳаракати	ko'cha harakati
embouteillage (m)	тирбандлик	tirbandlik
heures (f pl) de pointe	тиғиз пайт	tig'iz payt
se garer (vp)	жойлаштирмоқ	joylashtirmoq
garer (vt)	жойлаштирмоқ	joylashtirmoq
parking (m)	тўхташ жойи	to'xtash joyi

métro (m)	метро	metro
station (f)	станция	stantsiya
prendre le métro	метрода юрмоқ	metroda yurmoq

| train (m) | поезд | poezd |
| gare (f) | вокзал | vokzal |

28. La ville. La vie urbaine

ville (f)	шаҳар	shahar
capitale (f)	пойтахт	poytaxt
village (m)	қишлоқ	qishloq

plan (m) de la ville	шаҳар чизмаси	shahar chizmasi
centre-ville (m)	шаҳар маркази	shahar markazi
banlieue (f)	шаҳарга туташ ҳудуд	shaharga tutash hudud
de banlieue (adj)	шаҳар атрофидаги	shahar atrofidagi

périphérie (f)	чекка	chekka
alentours (m pl)	теварак атрофдаги ҳудудлар	tevarak atrofdagi hududlar
quartier (m)	даҳа	daha
quartier (m) résidentiel	турар-жой даҳаси	turar-joy dahasi

trafic (m)	ҳаракат	harakat
feux (m pl) de circulation	светофор	svetofor
transport (m) urbain	шаҳар транспорти	shahar transporti
carrefour (m)	чорраҳа	chorraha

passage (m) piéton	ўтиш йўли	o'tish yo'li
passage (m) souterrain	ер ости ўтиш йўли	er osti o'tish yo'li
traverser (vt)	ўтиш	o'tish
piéton (m)	йўловчи	yo'lovchi
trottoir (m)	йўлка	yo'lka

pont (m)	кўприк	ko'prik
quai (m)	сув бўйидаги кўча	suv bo'yidagi ko'cha
fontaine (f)	фонтан	fontan

allée (f)	хиёбон	xiyobon
parc (m)	боғ	bog'
boulevard (m)	булвар	bulvar
place (f)	майдон	maydon
avenue (f)	шоҳ кўча	shoh ko'cha
rue (f)	кўча	ko'cha
ruelle (f)	тор кўча	tor ko'cha
impasse (f)	боши берк кўча	boshi berk ko'cha

maison (f)	уй	uy
édifice (m)	бино	bino
gratte-ciel (m)	осмонўпар бино	osmono'par bino

| façade (f) | фасад | fasad |
| toit (m) | том | tom |

fenêtre (f)	дераза	deraza
arc (m)	равоқ	ravoq
colonne (f)	устун	ustun
coin (m)	бурчак	burchak

vitrine (f)	витрина	vitrina
enseigne (f)	вивеска	viveska
affiche (f)	афиша	afisha
affiche (f) publicitaire	реклама плакати	reklama plakati
panneau-réclame (m)	реклама шчити	reklama shchiti

ordures (f pl)	ахлат	axlat
poubelle (f)	ахлатдон	axlatdon
jeter à terre	ифлос қилмоқ	iflos qilmoq
décharge (f)	ахлатхона	axlatxona

cabine (f) téléphonique	телефон будкаси	telefon budkasi
réverbère (m)	фонар осиладиган столба	fonar osiladigan stolba
banc (m)	скамейка	skameyka

policier (m)	полициячи	politsiyachi
police (f)	полиция	politsiya
clochard (m)	гадой	gadoy
sans-abri (m)	бошпанасиз	boshpanasiz

29. Les institutions urbaines

magasin (m)	дўкон	do'kon
pharmacie (f)	дорихона	dorixona
opticien (m)	оптика	optika
centre (m) commercial	савдо маркази	savdo markazi
supermarché (m)	супермаркет	supermarket

boulangerie (f)	нон дўкони	non do'koni
boulanger (m)	новвой	novvoy
pâtisserie (f)	қандолат дўкони	qandolat do'koni
épicerie (f)	баққоллик	baqqollik
boucherie (f)	гўшт дўкони	go'sht do'koni

| magasin (m) de légumes | сабзавот дўкони | sabzavot do'koni |
| marché (m) | бозор | bozor |

salon (m) de café	кафе	kafe
restaurant (m)	ресторан	restoran
brasserie (f)	пивохона	pivoxona
pizzeria (f)	пиццерия	pitstseriya

| salon (m) de coiffure | сартарошхона | sartaroshxona |
| poste (f) | почта | pochta |

| pressing (m) | химчистка | ximchistka |
| atelier (m) de photo | фотоателе | fotoatele |

magasin (m) de chaussures	пояфзал дўкони	poyafzal do'koni
librairie (f)	китоб дўкони	kitob do'koni
magasin (m) d'articles de sport	спорт анжомлари дўкони	sport anjomlari do'koni

atelier (m) de retouche	кийим таъмири	kiyim ta'miri
location (f) de vêtements	кийимни ижарага бериш	kiyimni ijaraga berish
location (f) de films	филмларни ижарага бериш	filmlarni ijaraga berish

cirque (m)	сирк	sirk
zoo (m)	ҳайвонот боғи	hayvonot bog'i
cinéma (m)	кинотеатр	kinoteatr
musée (m)	музей	muzey
bibliothèque (f)	кутубхона	kutubxona

théâtre (m)	театр	teatr
opéra (m)	опера	opera
boîte (f) de nuit	тунги клуб	tungi klub
casino (m)	казино	kazino

mosquée (f)	мачит	machit
synagogue (f)	синагога	sinagoga
cathédrale (f)	бош черков	bosh cherkov
temple (m)	ибодатхона	ibodatxona
église (f)	черков	cherkov

institut (m)	институт	institut
université (f)	университет	universitet
école (f)	мактаб	maktab

préfecture (f)	префектура	prefektura
mairie (f)	мерия	meriya
hôtel (m)	меҳмонхона	mehmonxona
banque (f)	банк	bank

ambassade (f)	елчихона	elchixona
agence (f) de voyages	сайёҳлик агентлиги	sayyohlik agentligi
bureau (m) d'information	маълумотхона	ma'lumotxona
bureau (m) de change	алмаштириш шохобчаси	almashtirish shoxobchasi

| métro (m) | метро | metro |
| hôpital (m) | касалхона | kasalxona |

| station-service (f) | бензин қуйиш шохобчаси | benzin quyish shoxobchasi |
| parking (m) | тўхташ жойи | to'xtash joyi |

30. Les enseignes. Les panneaux

enseigne (f)	вивеска	viveska
pancarte (f)	ёзув	yozuv
poster (m)	плакат	plakat
indicateur (m) de direction	кўрсаткич	ko'rsatkich
flèche (f)	мил	mil
avertissement (m)	огоҳлантириш	ogohlantirish
panneau d'avertissement	огоҳлантириш	ogohlantirish
avertir (vt)	огоҳлантирмоқ	ogohlantirmoq
jour (m) de repos	дам олиш куни	dam olish kuni
horaire (m)	жадвал	jadval
heures (f pl) d'ouverture	иш соатлари	ish soatlari
BIENVENUE!	ХУСҲ КЕЛИБСИЗ!	XUSH KELIBSIZ!
ENTRÉE	КИРИСҲ	KIRISH
SORTIE	СҲИҚИСҲ	CHIQISH
POUSSER	ЎЗИДАН НАРИГА	O'ZIDAN NARIGA
TIRER	ЎЗИГА	O'ZIGA
OUVERT	ОСҲИҚ	OCHIQ
FERMÉ	ЙОПИҚ	YOPIQ
FEMMES	АЙОЛЛАР УСҲУН	AYOLLAR UCHUN
HOMMES	ЕРКАКЛАР УСҲУН	ERKAKLAR UCHUN
RABAIS	КАМАЙТИРИЛГАН НАРХЛАР	KAMAYTIRILGAN NARXLAR
SOLDES	АРЗОН СОТИБ ТУГАТИСҲ	ARZON SOTIB TUGATISH
NOUVEAU!	ЙАНГИЛИК!	YANGILIK!
GRATUIT	БЕПУЛ	BEPUL
ATTENTION!	ДИҚҚАТ!	DIQQAT!
COMPLET	ЖОЙ ЙЎҚ	JOY YO'Q
RÉSERVÉ	БАНД ҚИЛИНГАН	BAND QILINGAN
ADMINISTRATION	МАЪМУРИЙАТ	MA'MURIYAT
RÉSERVÉ AU PERSONNEL	ФАҚАТ ХОДИМЛАР УСҲУН	FAQAT XODIMLAR UCHUN
ATTENTION CHIEN MÉCHANT	ҚОПАҒОН ИТ	QOPAG'ON IT
DÉFENSE DE FUMER	СҲЕКИЛМАСИН!	CHEKILMASIN!
PRIÈRE DE NE PAS TOUCHER	ҚЎЛ БИЛАН ТЕГИЛМАСИН!	QO'L BILAN TEGILMASIN!
DANGEREUX	ХАВФЛИ	XAVFLI
DANGER	ХАВФ	XAVF

HAUTE TENSION	ЙУҚОРИ КУСХЛАНИСХ	YUQORI KUCHLANISH
BAIGNADE INTERDITE	СХӮМИЛИСХ ТАҚИҚЛАНГАН	CHO'MILISH TAQIQLANGAN
HORS SERVICE	ИСХЛАМАЙДИ	ISHLAMAYDI
INFLAMMABLE	ЙОНҒИНДАН ХАВФЛИ	YONG'INDAN XAVFLI
INTERDIT	ТАҚИҚЛАНГАН	TAQIQLANGAN
PASSAGE INTERDIT	ӮТИСХ ТАҚИҚЛАНГАН	O'TISH TAQIQLANGAN
PEINTURE FRAÎCHE	БӮЯЛГАН	BO'YALGAN

31. Le shopping

acheter (vt)	харид қилмоқ	xarid qilmoq
achat (m)	харид	xarid
faire des achats	буюмларни харид қилмоқ	buyumlarni xarid qilmoq
shopping (m)	шоппинг	shopping
être ouvert	ишламоқ	ishlamoq
être fermé	ёпилмоқ	yopilmoq
chaussures (f pl)	пояфзал	poyafzal
vêtement (m)	кийим	kiyim
produits (m pl) de beauté	косметика	kosmetika
produits (m pl) alimentaires	махсулотлар	mahsulotlar
cadeau (m)	совға	sovg'a
vendeur (m)	сотувчи	sotuvchi
vendeuse (f)	сотувчи	sotuvchi
caisse (f)	касса	kassa
miroir (m)	кӯзгу	ko'zgu
comptoir (m)	пештахта	peshtaxta
cabine (f) d'essayage	кийиб кӯриш кабинаси	kiyib ko'rish kabinasi
essayer (robe, etc.)	кийиб кӯриш	kiyib ko'rish
aller bien (robe, etc.)	лойиқ келмоқ	loyiq kelmoq
plaire (être apprécié)	ёқмоқ	yoqmoq
prix (m)	нарх	narx
étiquette (f) de prix	нархкӯрсаткич	narxko'rsatkich
coûter (vt)	нархга эга бӯлмоқ	narxga ega bo'lmoq
Combien?	Қанча?	Qancha?
rabais (m)	нархни камайтириш	narxni kamaytirish
pas cher (adj)	қиммат эмас	qimmat emas
bon marché (adj)	арзон	arzon
cher (adj)	қиммат	qimmat
C'est cher	Бу қиммат.	Bu qimmat.
location (f)	ижарага олиш	ijaraga olish

louer (une voiture, etc.)	**ижарага олмоқ**	ijaraga olmoq
crédit (m)	**кредит**	kredit
à crédit (adv)	**кредитга олиш**	kreditga olish

T&P BOOKS

LES VÊTEMENTS &
LES ACCESSOIRES

T&P Books Publishing

32. Les vêtements d'extérieur

vêtement (m)	кийим	kiyim
survêtement (m)	устки кийим	ustki kiyim
vêtement (m) d'hiver	қишки кийим	qishki kiyim
manteau (m)	палто	palto
manteau (m) de fourrure	пўстин	po'stin
veste (f) de fourrure	калта пўстин	kalta po'stin
manteau (m) de duvet	пуховик	puxovik
veste (f) (~ en cuir)	куртка	kurtka
imperméable (m)	плашч	plashch
imperméable (adj)	сув ўтказмайдиган	suv o'tkazmaydigan

33. Les vêtements

chemise (f)	кўйлак	ko'ylak
pantalon (m)	шим	shim
jean (m)	жинси	jinsi
veston (m)	пиджак	pidjak
complet (m)	костюм	kostyum
robe (f)	аёллар кўйлаги	ayollar ko'ylagi
jupe (f)	юбка	yubka
chemisette (f)	блузка	bluzka
veste (f) en laine	жун кофта	jun kofta
jaquette (f), blazer (m)	жакет	jaket
tee-shirt (m)	футболка	futbolka
short (m)	шорти	shorti
costume (m) de sport	спорт костюми	sport kostyumi
peignoir (m) de bain	халат	xalat
pyjama (m)	пижама	pijama
chandail (m)	свитер	sviter
pull-over (m)	пуловер	pulover
gilet (m)	жилет	jilet
queue-de-pie (f)	фрак	frak
smoking (m)	смокинг	smoking
uniforme (m)	форма	forma
tenue (f) de travail	жомакор	jomakor

| salopette (f) | комбинезон | kombinezon |
| blouse (f) (d'un médecin) | халат | xalat |

34. Les sous-vêtements

sous-vêtements (m pl)	ич кийим	ich kiyim
boxer (m)	трусик	trusik
slip (m) de femme	трусик	trusik
maillot (m) de corps	майка	mayka
chaussettes (f pl)	пайпоқ	paypoq

chemise (f) de nuit	тунги кўйлак	tungi ko'ylak
soutien-gorge (m)	бюстгалтер	byustgalter
chaussettes (f pl) hautes	голфи	golfi
collants (m pl)	колготки	kolgotki
bas (m pl)	пайпоқ	paypoq
maillot (m) de bain	купалник	kupalnik

35. Les chapeaux

chapeau (m)	қалпоқ	qalpoq
chapeau (m) feutre	шляпа	shlyapa
casquette (f) de base-ball	бейсболка	beysbolka
casquette (f)	кепка	kepka

béret (m)	берет	beret
capuche (f)	капюшон	kapyushon
panama (m)	панамка	panamka
bonnet (m) de laine	тўқилган шапка	to'qilgan shapka

| foulard (m) | рўмол | ro'mol |
| chapeau (m) de femme | қалпоқча | qalpoqcha |

casque (m) (d'ouvriers)	каска	kaska
calot (m)	пилотка	pilotka
casque (m) (~ de moto)	шлем	shlem

| melon (m) | котелок | kotelok |
| haut-de-forme (m) | силиндр | silindr |

36. Les chaussures

chaussures (f pl)	пояфзал	poyafzal
bottines (f pl)	ботинка	botinka
souliers (m pl) (~ plats)	туфли	tufli
bottes (f pl)	етик	etik

chaussons (m pl)	шиппак	shippak
tennis (m pl)	кроссовка	krossovka
baskets (f pl)	кеда	keda
sandales (f pl)	сандал шиппак	sandal shippak

cordonnier (m)	етикдўз	etikdo'z
talon (m)	пошна	poshna
paire (f)	жуфт	juft

lacet (m)	чизимча	chizimcha
lacer (vt)	боғлаш	bog'lash
chausse-pied (m)	қошиқ	qoshiq
cirage (m)	пояфзал мойи	poyafzal moyi

37. Les accessoires personnels

gants (m pl)	қўлқоплар	qo'lqoplar
moufles (f pl)	бошмалдоқли	boshmaldoqli
	қўлқоплар	qo'lqoplar
écharpe (f)	бўйинбоғ	bo'yinbog'

lunettes (f pl)	кўзойнак	ko'zoynak
monture (f)	гардиш	gardish
parapluie (m)	соябон	soyabon
canne (f)	хасса	xassa
brosse (f) à cheveux	тароқ	taroq
éventail (m)	елпиғич	elpig'ich

cravate (f)	галстук	galstuk
nœud papillon (m)	галстук-бабочка	galstuk-babochka
bretelles (f pl)	подтяжки	podtyajki
mouchoir (m)	дастрўмол	dastro'mol
peigne (m)	тароқ	taroq
barrette (f)	соч тўғнағичи	soch to'g'nag'ichi
épingle (f) à cheveux	шпилка	shpilka
boucle (f)	камар тўқаси	kamar to'qasi

| ceinture (f) | камар | kamar |
| bandoulière (f) | тасма | tasma |

sac (m)	сумка	sumka
sac (m) à main	сумкача	sumkacha
sac (m) à dos	рюкзак	ryukzak

38. Les vêtements. Divers

| mode (f) | мода | moda |
| à la mode (adj) | модали | modali |

couturier, créateur de mode	моделер	modeler
col (m)	ёқа	yoqa
poche (f)	чўнтак	cho'ntak
de poche (adj)	чўнтак	cho'ntak
manche (f)	енг	eng
bride (f)	илгак	ilgak
braguette (f)	йирмоч	yirmoch
fermeture (f) à glissière	молния	molniya
agrafe (f)	кийим илгаги	kiyim ilgagi
bouton (m)	тугма	tugma
boutonnière (f)	илгак	ilgak
s'arracher (bouton)	узилмоқ	uzilmoq
coudre (vi, vt)	тикиш	tikish
broder (vt)	кашта тикиш	kashta tikish
broderie (f)	кашта	kashta
aiguille (f)	игна	igna
fil (m)	ип	ip
couture (f)	чок	chok
se salir (vp)	ифлосланмоқ	ifloslanmoq
tache (f)	доғ	dog'
se froisser (vp)	ғижимланиш	g'ijimlanish
déchirer (vt)	йиртмоқ	yirtmoq
mite (f)	куя	kuya

39. L'hygiène corporelle. Les cosmétiques

dentifrice (m)	тиш пастаси	tish pastasi
brosse (f) à dents	тиш чўткаси	tish cho'tkasi
se brosser les dents	тиш тозаламоқ	tish tozalamoq
rasoir (m)	устара	ustara
crème (f) à raser	соқол олиш креми	soqol olish kremi
se raser (vp)	соқол олмоқ	soqol olmoq
savon (m)	совун	sovun
shampooing (m)	шампун	shampun
ciseaux (m pl)	қайчи	qaychi
lime (f) à ongles	тирноқ еғови	tirnoq egovi
pinces (f pl) à ongles	тирноқ омбири	tirnoq ombiri
pince (f) à épiler	пинцет	pintset
produits (m pl) de beauté	косметика	kosmetika
masque (m) de beauté	ниқоб	niqob
manucure (f)	маникюр	manikyur
se faire les ongles	маникюрлаш	manikyurlash

pédicurie (f)	педикюр	pedikyur
trousse (f) de toilette	косметичка	kosmetichka
poudre (f)	упа	upa
poudrier (m)	упадон	upadon
fard (m) à joues	қизил ёғупа	qizil yog'upa
parfum (m)	атир	atir
eau (f) de toilette	атир	atir
lotion (f)	лосон	loson
eau de Cologne (f)	атир	atir
fard (m) à paupières	кўз бўёғи	ko'z bo'yog'i
crayon (m) à paupières	кўз қалами	ko'z qalami
mascara (m)	киприк бўёғи	kiprik bo'yog'i
rouge (m) à lèvres	лаб помадаси	lab pomadasi
vernis (m) à ongles	тирноқ учун лок	tirnoq uchun lok
laque (f) pour les cheveux	соч учун лок	soch uchun lok
déodorant (m)	дезодорант	dezodorant
crème (f)	крем	krem
crème (f) pour le visage	юз учун крем	yuz uchun krem
crème (f) pour les mains	қўл учун крем	qo'l uchun krem
crème (f) anti-rides	ажинга қарши крем	ajinga qarshi krem
crème (f) de jour	кундузги крем	kunduzgi krem
crème (f) de nuit	тунги крем	tungi krem
de jour (adj)	кундузги	kunduzgi
de nuit (adj)	тунги	tungi
tampon (m)	тампон	tampon
papier (m) de toilette	туалет қоғози	tualet qog'ozi
sèche-cheveux (m)	фен	fen

40. Les montres. Les horloges

montre (f)	соат	soat
cadran (m)	сиферблат	siferblat
aiguille (f)	мил, стрелка	mil, strelka
bracelet (m)	браслет	braslet
bracelet (m) (en cuir)	тасмача	tasmacha
pile (f)	батарейка	batareyka
être déchargé	ўтириб қолмоқ	o'tirib qolmoq
changer de pile	батарейка алмаштирмоқ	batareyka almashtirmoq
avancer (vi)	шошмоқ	shoshmoq
retarder (vi)	кечикмоқ	kechikmoq
pendule (f)	девор соати	devor soati
sablier (m)	қум соати	qum soati

cadran (m) solaire	куёш соати	quyosh soati
réveil (m)	будилник	budilnik
horloger (m)	соацоз	soatsoz
réparer (vt)	таъмирламоқ	ta'mirlamoq

T&P BOOKS

L'EXPÉRIENCE QUOTIDIENNE

T&P Books Publishing

argent (m)	пул	pul
échange (m)	алмаштириш	almashtirish
cours (m) de change	курс	kurs
distributeur (m)	банкомат	bankomat
monnaie (f)	танга	tanga
dollar (m)	доллар	dollar
euro (m)	евро	evro
lire (f)	лира	lira
mark (m) allemand	марка	marka
franc (m)	франк	frank
livre sterling (f)	фунт стерлинг	funt sterling
yen (m)	йена	yena
dette (f)	қарз	qarz
débiteur (m)	қарздор	qarzdor
prêter (vt)	қарз бермоқ	qarz bermoq
emprunter (vt)	қарз олмоқ	qarz olmoq
banque (f)	банк	bank
compte (m)	ҳисоб рақам	hisob raqam
verser (dans le compte)	қўймоқ	qo'ymoq
verser dans le compte	ҳисоб-рақамга қўймоқ	hisob-raqamga qo'ymoq
retirer du compte	ҳисоб-рақамдан олмоқ	hisob-raqamdan olmoq
carte (f) de crédit	кредит картаси	kredit kartasi
espèces (f pl)	нақд пул	naqd pul
chèque (m)	чек	chek
faire un chèque	чек ёзиб бермоқ	chek yozib bermoq
chéquier (m)	чек дафтарчаси	chek daftarchasi
portefeuille (m)	кармон	karmon
bourse (f)	ҳамён	hamyon
coffre fort (m)	сейф	seyf
héritier (m)	меросхўр	merosxo'r
héritage (m)	мерос	meros
fortune (f)	бойлик	boylik
location (f)	ижара	ijara
loyer (m) (argent)	турар-жой ҳақи	turar-joy haqi
louer (prendre en location)	ижарага олмоқ	ijaraga olmoq
prix (m)	нарх	narx

coût (m)	қиймат	qiymat
somme (f)	сумма	summa
dépenser (vt)	сарфламоқ	sarflamoq
dépenses (f pl)	харажатлар	xarajatlar
économiser (vt)	тежамоқ	tejamoq
économe (adj)	тежамкор	tejamkor
payer (régler)	тўламоқ	to'lamoq
paiement (m)	тўлов	to'lov
monnaie (f) (rendre la ~)	қайтим	qaytim
impôt (m)	солиқ	soliq
amende (f)	жарима	jarima
mettre une amende	жарима солмоқ	jarima solmoq

42. La poste. Les services postaux

poste (f)	почта	pochta
courrier (m) (lettres, etc.)	почта	pochta
facteur (m)	хат ташувчи	xat tashuvchi
heures (f pl) d'ouverture	иш соатлари	ish soatlari
lettre (f)	хат	xat
recommandé (m)	буюртма хат	buyurtma xat
carte (f) postale	открытка	otkritka
télégramme (m)	телеграмма	telegramma
colis (m)	посилка	posilka
mandat (m) postal	пул ўтказиш	pul o'tkazish
recevoir (vt)	олмоқ	olmoq
envoyer (vt)	жўнатмоқ	jo'natmoq
envoi (m)	жўнатиш	jo'natish
adresse (f)	манзил	manzil
code (m) postal	индекс	indeks
expéditeur (m)	юборувчи	yuboruvchi
destinataire (m)	олувчи	oluvchi
prénom (m)	исм	iom
nom (m) de famille	фамилия	familiya
tarif (m)	тариф	tarif
normal (adj)	оддий	oddiy
économique (adj)	тежамли	tejamli
poids (m)	вазн	vazn
peser (~ les lettres)	вазн улчамоқ	vazn o'lchamoq
enveloppe (f)	конверт	konvert
timbre (m)	марка	marka
timbrer (vt)	марка ёпиштирмоқ	marka yopishtirmoq

43. Les opérations bancaires

banque (f)	банк	bank
agence (f) bancaire	бўлим	bo'lim
conseiller (m)	маслаҳатчи	maslahatchi
gérant (m)	бошқарувчи	boshqaruvchi
compte (m)	ҳисоб рақам	hisob raqam
numéro (m) du compte	ҳисоб-рақам сони	hisob-raqam soni
compte (m) courant	жорий ҳисоб-рақами	joriy hisob-raqami
compte (m) sur livret	жамғарма	jamg'arma
	ҳисоб-рақами	hisob-raqami
ouvrir un compte	ҳисоб-рақамни очмоқ	hisob-raqamni ochmoq
clôturer le compte	ҳисоб-рақамни ёпмоқ	hisob-raqamni yopmoq
verser dans le compte	ҳисоб-рақамга қўймоқ	hisob-raqamga qo'ymoq
retirer du compte	ҳисоб-рақамдан олмоқ	hisob-raqamdan olmoq
dépôt (m)	омонат	omonat
faire un dépôt	омонат қўймоқ	omonat qo'ymoq
virement (m) bancaire	ўтказиш	o'tkazish
faire un transfert	ўтказмоқ	o'tkazmoq
somme (f)	сумма	summa
Combien?	Қанча?	Qancha?
signature (f)	имзо	imzo
signer (vt)	имзоламоқ	imzolamoq
carte (f) de crédit	кредит картаси	kredit kartasi
code (m)	код	kod
numéro (m) de carte	кредит картасининг	kredit kartasining
de crédit	тартиб рақами	tartib raqami
distributeur (m)	банкомат	bankomat
chèque (m)	чек	chek
faire un chèque	чек ёзиб бермоқ	chek yozib bermoq
chéquier (m)	чек дафтарчаси	chek daftarchasi
crédit (m)	кредит	kredit
demander un crédit	кредит олиш учун	kredit olish uchun
	мурожаат қилмоқ	murojaat qilmoq
prendre un crédit	кредит олмоқ	kredit olmoq
accorder un crédit	кредит бермоқ	kredit bermoq
gage (m)	кафолат	kafolat

44. Le téléphone. La conversation téléphonique

téléphone (m)	телефон	telefon
portable (m)	мобил телефон	mobil telefon

répondeur (m)	автоматик жавоб берувчи	avtomatik javob beruvchi
téléphoner, appeler	кўнғироқ қилмоқ	qo'ng'iroq qilmoq
appel (m)	кўнғироқ	qo'ng'iroq

composer le numéro	рақам термоқ	raqam termoq
Allô!	Алло!	Allo!
demander (~ l'heure)	сўрамоқ	so'ramoq
répondre (vi, vt)	жавоб бермоқ	javob bermoq

entendre (bruit, etc.)	эшитмоқ	eshitmoq
bien (adv)	яхши	yaxshi
mal (adv)	ёмон	yomon
bruits (m pl)	халал берувчи шовқин	xalal beruvchi shovqin

récepteur (m)	трубка	trubka
décrocher (vt)	трубкани олмоқ	trubkani olmoq
raccrocher (vi)	трубкани қўймоқ	trubkani qo'ymoq

occupé (adj)	банд	band
sonner (vi)	жирингламоқ	jiringlamoq
carnet (m) de téléphone	телефон китоби	telefon kitobi

local (adj)	маҳаллий	mahalliy
appel (m) local	маҳаллий кўнғироқ	mahalliy qo'ng'iroq
interurbain (adj)	шаҳарлараро	shaharlararo
appel (m) interurbain	шаҳарлараро кўнғироқ	shaharlararo qo'ng'iroq
international (adj)	халқаро	xalqaro
appel (m) international	халқаро кўнғироқ	xalqaro qo'ng'iroq

45. Le téléphone portable

portable (m)	мобил телефон	mobil telefon
écran (m)	дисплей	displey
bouton (m)	тугма	tugma
carte SIM (f)	СИМ-карта	SIM-karta

pile (f)	батарея	batareya
être déchargé	разрядка бўлмоқ	razryadka bo'lmoq
chargeur (m)	заряд қилиш мосламаси	zaryad qilish moslamasi

menu (m)	меню	menyu
réglages (m pl)	созлашлар	sozlashlar
mélodie (f)	мелодия	melodiya
sélectionner (vt)	танламоқ	tanlamoq

| calculatrice (f) | калкулятор | kalkulyator |
| répondeur (m) | автоматик жавоб берувчи | avtomatik javob beruvchi |

| réveil (m) | будилник | budilnik |
| contacts (m pl) | телефон китоби | telefon kitobi |

| SMS (m) | СМС-хабар | SMS-xabar |
| abonné (m) | абонент | abonent |

46. La papeterie

| stylo (m) à bille | ручка | ruchka |
| stylo (m) à plume | пероли ручка | peroli ruchka |

crayon (m)	қалам	qalam
marqueur (m)	маркер	marker
feutre (m)	фломастер	flomaster

| bloc-notes (m) | ён дафтарча | yon daftarcha |
| agenda (m) | кундалик | kundalik |

règle (f)	чизғич	chizg'ich
calculatrice (f)	калкулятор	kalkulyator
gomme (f)	ўчирғич	o'chirg'ich
punaise (f)	кнопка	knopka
trombone (m)	қисқич	qisqich

colle (f)	елим	elim
agrafeuse (f)	степлер	stepler
perforateur (m)	тешгич	teshgich
taille-crayon (m)	точилка	tochilka

47. Les langues étrangères

langue (f)	тил	til
étranger (adj)	чет	chet
langue (f) étrangère	чет тили	chet tili
étudier (vt)	ўрганмоқ	o'rganmoq
apprendre (~ l'arabe)	ўрганмоқ	o'rganmoq

lire (vi, vt)	ўқимоқ	o'qimoq
parler (vi, vt)	гапирмоқ	gapirmoq
comprendre (vt)	тушунмоқ	tushunmoq
écrire (vt)	ёзмоқ	yozmoq

vite (adv)	тез	tez
lentement (adv)	секин	sekin
couramment (adv)	еркин	erkin

| règles (f pl) | қоидалар | qoidalar |
| grammaire (f) | грамматика | grammatika |

| vocabulaire (m) | лексика | leksika |
| phonétique (f) | фонетика | fonetika |

manuel (m)	дарслик	darslik
dictionnaire (m)	луғат	lug'at
manuel (m) autodidacte	мустақил ўрганиш учун қўлланма	mustaqil o'rganish uchun qo'llanma
guide (m) de conversation	сўзлашув китоби	so'zlashuv kitobi

cassette (f)	кассета	kasseta
cassette (f) vidéo	видеокассета	videokasseta
CD (m)	СД-диск	CD-disk
DVD (m)	ДВД-диск	DVD-disk

alphabet (m)	алифбе	alifbe
épeler (vt)	ҳарфлаб гапирмоқ	harflab gapirmoq
prononciation (f)	талаффуз	talaffuz

accent (m)	акцент	aktsent
avec un accent	акценциз	aktsentsiz
sans accent	акцент билан	aktsent bilan

| mot (m) | сўз | so'z |
| sens (m) | маъно | ma'no |

cours (m pl)	курслар	kurslar
s'inscrire (vp)	ёзилмоқ	yozilmoq
professeur (m) (~ d'anglais)	ўқитувчи	o'qituvchi

traduction (f) (action)	таржима	tarjima
traduction (f) (texte)	таржима	tarjima
traducteur (m)	таржимон	tarjimon
interprète (m)	таржимон	tarjimon

| polyglotte (m) | полиглот | poliglot |
| mémoire (f) | хотира | xotira |

LES REPAS.
LE RESTAURANT

48. Le dressage de la table

cuillère (f)	қошиқ	qoshiq
couteau (m)	пичоқ	pichoq
fourchette (f)	санчқи	sanchqi
tasse (f)	косача	kosacha
assiette (f)	тарелка	tarelka
soucoupe (f)	ликопча	likopcha
serviette (f)	қўл сочиқ	qo'l sochiq
cure-dent (m)	тиш кавлагич	tish kavlagich

49. Le restaurant

restaurant (m)	ресторан	restoran
salon (m) de café	кофехона	kofexona
bar (m)	бар	bar
salon (m) de thé	чой салони	choy saloni
serveur (m)	официант	ofitsiant
serveuse (f)	официантка	ofitsiantka
barman (m)	бармен	barmen
carte (f)	таомнома	taomnoma
carte (f) des vins	винолар рўйхати	vinolar ro'yxati
réserver une table	столни банд қилмоқ	stolni band qilmoq
plat (m)	таом	taom
commander (vt)	буюртма қилмоқ	buyurtma qilmoq
faire la commande	буюртма бермоқ	buyurtma bermoq
apéritif (m)	аперитив	aperitiv
hors-d'œuvre (m)	газак	gazak
dessert (m)	десерт	desert
addition (f)	ҳисоб	hisob
régler l'addition	ҳисоб бўйича тўламоқ	hisob bo'yicha to'lamoq
rendre la monnaie	қайтим бермоқ	qaytim bermoq
pourboire (m)	чойчақа	choychaqa

50. Les repas

nourriture (f)	таом	taom
manger (vi, vt)	йемоқ	yemoq

petit déjeuner (m)	нонушта	nonushta
prendre le petit déjeuner	нонушта қилмоқ	nonushta qilmoq
déjeuner (m)	тушлик	tushlik
déjeuner (vi)	тушлик қилмоқ	tushlik qilmoq
dîner (m)	кечки овқат	kechki ovqat
dîner (vi)	кечки овқатни емоқ	kechki ovqatni emoq

| appétit (m) | иштаҳа | ishtaha |
| Bon appétit! | Ёқимли иштаҳа! | Yoqimli ishtaha! |

ouvrir (vt)	очмоқ	ochmoq
renverser (liquide)	тўкмоқ	to'kmoq
se renverser (liquide)	тўкилмоқ	to'kilmoq

bouillir (vi)	қайнамоқ	qaynamoq
faire bouillir	қайнатмоқ	qaynatmoq
bouilli (l'eau ~e)	қайнатилган	qaynatilgan
refroidir (vt)	совутмоқ	sovutmoq
se refroidir (vp)	совутилмоқ	sovutilmoq

| goût (m) | таъм | ta'm |
| arrière-goût (m) | қўшимча таъм | qo'shimcha ta'm |

suivre un régime	озмоқ	ozmoq
régime (m)	парҳез	parhez
vitamine (f)	витамин	vitamin
calorie (f)	калория	kaloriya
végétarien (m)	вегетариан	vegetarian
végétarien (adj)	вегетарианча	vegetariancha

lipides (m pl)	ёғлар	yog'lar
protéines (f pl)	оқсиллар	oqsillar
glucides (m pl)	углеводлар	uglevodlar
tranche (f)	тилимча	tilimcha
morceau (m)	бўлак	bo'lak
miette (f)	урвоқ	urvoq

51. Les plats cuisinés

plat (m)	таом	taom
cuisine (f)	ошхона	oshxona
recette (f)	рецепт	retsept
portion (f)	порция	portsiya

| salade (f) | салат | salat |
| soupe (f) | шўрва | sho'rva |

bouillon (m)	қуруқ қайнатма шўрва	quruq qaynatma sho'rva
sandwich (m)	бутерброд	buterbrod
les œufs brouillés	тухум қуймоқ	tuxum quymoq

| hamburger (m) | гамбургер | gamburger |
| steak (m) | бифштекс | bifshteks |

garniture (f)	гарнир	garnir
spaghettis (m pl)	спагетти	spagetti
purée (f)	картошка пюреси	kartoshka pyuresi
pizza (f)	пицца	pitstsa
bouillie (f)	бўтқа	bo'tqa
omelette (f)	қуймоқ	quymoq

cuit à l'eau (adj)	пиширилган	pishirilgan
fumé (adj)	дудланган	dudlangan
frit (adj)	қовурилган	qovurilgan
sec (adj)	қуритилган	quritilgan
congelé (adj)	музлатилган	muzlatilgan
mariné (adj)	маринадланган	marinadlangan

sucré (adj)	ширин	shirin
salé (adj)	тузланган	tuzlangan
froid (adj)	совуқ	sovuq
chaud (adj)	иссиқ	issiq
amer (adj)	аччиқ	achchiq
bon (savoureux)	мазали	mazali

cuire à l'eau	пиширмоқ	pishirmoq
préparer (le dîner)	тайёрламоқ	tayyorlamoq
faire frire	қовурмоқ	qovurmoq
réchauffer (vt)	иситмоқ	isitmoq

saler (vt)	тузламоқ	tuzlamoq
poivrer (vt)	мурч сепмоқ	murch sepmoq
râper (vt)	қирғичда қирмоқ	qirg'ichda qirmoq
peau (f)	пўст	po'st
éplucher (vt)	тозаламоқ	tozalamoq

52. Les aliments

viande (f)	гўшт	go'sht
poulet (m)	товуқ	tovuq
poulet (m) (poussin)	жўжа	jo'ja
canard (m)	ўрдак	o'rdak
oie (f)	ғоз	g'oz
gibier (m)	илвасин	ilvasin
dinde (f)	курка	kurka

du porc	чўчқа гўшти	cho'chqa go'shti
du veau	бузоқ гўшти	buzoq go'shti
du mouton	қўй гўшти	qo'y go'shti
du bœuf	мол гўшти	mol go'shti
lapin (m)	қуён	quyon

saucisson (m)	колбаса	kolbasa
saucisse (f)	сосиска	sosiska
bacon (m)	бекон	bekon
jambon (m)	ветчина	vetchina
cuisse (f)	сон гўшти	son go'shti

pâté (m)	паштет	pashtet
foie (m)	жигар	jigar
farce (f)	қийма	qiyma
langue (f)	тил	til

œuf (m)	тухум	tuxum
les œufs	тухумлар	tuxumlar
blanc (m) d'œuf	тухумни оқи	tuxumni oqi
jaune (m) d'œuf	тухумни сариғи	tuxumni sarig'i

poisson (m)	балиқ	baliq
fruits (m pl) de mer	денгиз маҳсулоти	dengiz mahsuloti
crustacés (m pl)	қисқичбақасимонлар	qisqichbaqasimonlar
caviar (m)	увилдириқ	uvildiriq

crabe (m)	қисқичбақа	qisqichbaqa
crevette (f)	креветка	krevetka
huître (f)	устрица	ustritsa
langoustine (f)	лангуст	langust
poulpe (m)	саккизоёқ	sakkizoyoq
calamar (m)	калмар	kalmar

esturgeon (m)	осётр гўшти	osyotr go'shti
saumon (m)	лосос	losos
flétan (m)	палтус	paltus

morue (f)	треска	treska
maquereau (m)	скумбрия	skumbriya
thon (m)	тунец	tunets
anguille (f)	илонбалиқ	ilonbaliq

truite (f)	форел	forel
sardine (f)	сардина	sardina
brochet (m)	чўртанбалиқ	cho'rtanbaliq
hareng (m)	селд	seld

pain (m)	нон	non
fromage (m)	пишлоқ	pishloq
sucre (m)	қанд	qand
sel (m)	туз	tuz

riz (m)	гуруч	guruch
pâtes (m pl)	макарон	makaron
nouilles (f pl)	угра	ugra
beurre (m)	сариёғ	sariyog'
huile (f) végétale	ўсимлик ёғи	o'simlik yog'i

huile (f) de tournesol	кунгабоқар ёғи	kungaboqar yog'i
margarine (f)	маргарин	margarin
olives (f pl)	зайтун	zaytun
huile (f) d'olive	зайтун ёғи	zaytun yog'i
lait (m)	сут	sut
lait (m) condensé	қуйилтирилган сут	quyiltirilgan sut
yogourt (m)	ёгурт	yogurt
crème (f) aigre	сметана	smetana
crème (f) (de lait)	қаймоқ	qaymoq
sauce (f) mayonnaise	маёнез	mayonez
crème (f) au beurre	крем	krem
gruau (m)	ёрма	yorma
farine (f)	ун	un
conserves (f pl)	консерва	konserva
pétales (m pl) de maïs	маккажўхори бодроқ	makkajo'xori bodroq
miel (m)	асал	asal
confiture (f)	жем	jem
gomme (f) à mâcher	чайналадиган резинка	chaynaladigan rezinka

53. Les boissons

eau (f)	сув	suv
eau (f) potable	ичимлик сув	ichimlik suv
eau (f) minérale	минерал сув	mineral suv
plate (adj)	газсиз	gazsiz
gazeuse (l'eau ~)	газланган	gazlangan
pétillante (adj)	газли	gazli
glace (f)	муз	muz
avec de la glace	музли	muzli
sans alcool	алкоголсиз	alkogolsiz
boisson (f) non alcoolisée	алкоголсиз ичимлик	alkogolsiz ichimlik
rafraîchissement (m)	салқин ичимлик	salqin ichimlik
limonade (f)	лимонад	limonad
boissons (f pl) alcoolisées	спиртли ичимликлар	spirtli ichimliklar
vin (m)	вино	vino
vin (m) blanc	оқ вино	oq vino
vin (m) rouge	қизил вино	qizil vino
liqueur (f)	ликёр	likyor
champagne (m)	шампан виноси	shampan vinosi
vermouth (m)	вермут	vermut
whisky (m)	виски	viski

vodka (f)	ароқ	aroq
gin (m)	джин	djin
cognac (m)	коняк	konyak
rhum (m)	ром	rom

café (m)	кофе	kofe
café (m) noir	қора кофе	qora kofe
café (m) au lait	сутли кофе	sutli kofe
cappuccino (m)	қаймоқли кофе	qaymoqli kofe
café (m) soluble	ерийдиган кофе	eriydigan kofe

lait (m)	сут	sut
cocktail (m)	коктейл	kokteyl
cocktail (m) au lait	сутли коктейл	sutli kokteyl

jus (m)	шарбат	sharbat
jus (m) de tomate	томат шарбати	tomat sharbati
jus (m) d'orange	апелсин шарбати	apelsin sharbati
jus (m) pressé	янги сиқилган шарбат	yangi siqilgan sharbat

bière (f)	пиво	pivo
bière (f) blonde	оч ранг пиво	och rang pivo
bière (f) brune	тўқ ранг пиво	to'q rang pivo

thé (m)	чой	choy
thé (m) noir	қора чой	qora choy
thé (m) vert	кўк чой	ko'k choy

54. Les légumes

| légumes (m pl) | сабзавотлар | sabzavotlar |
| verdure (f) | кўкат | ko'kat |

tomate (f)	помидор	pomidor
concombre (m)	бодринг	bodring
carotte (f)	сабзи	sabzi
pomme (f) de terre	картошка	kartoshka
oignon (m)	пиёз	piyoz
ail (m)	саримсоқ	sarimsoq

chou (m)	карам	karam
chou-fleur (m)	гулкарам	gulkaram
chou (m) de Bruxelles	брюссел карами	bryussel karami
brocoli (m)	брокколи карами	brokkoli karami

betterave (f)	лавлаги	lavlagi
aubergine (f)	бақлажон	baqlajon
courgette (f)	қовоқча	qovoqcha
potiron (m)	ошқовоқ	oshqovoq
navet (m)	шолғом	sholg'om

persil (m)	петрушка	petrushka
fenouil (m)	укроп	ukrop
laitue (f) (salade)	салат	salat
céleri (m)	селдерей	selderey
asperge (f)	сарсабил	sarsabil
épinard (m)	исмалоқ	ismaloq
pois (m)	нўхат	no'xat
fèves (f pl)	дуккакли ўсимликлар	dukkakli o'simliklar
maïs (m)	маккажўхори	makkajo'xori
haricot (m)	ловия	loviya
poivron (m)	қалампир	qalampir
radis (m)	редиска	rediska
artichaut (m)	артишок	artishok

55. Les fruits. Les noix

fruit (m)	мева	meva
pomme (f)	олма	olma
poire (f)	нок	nok
citron (m)	лимон	limon
orange (f)	апелсин	apelsin
fraise (f)	қулупнай	qulupnay
mandarine (f)	мандарин	mandarin
prune (f)	олхўри	olxo'ri
pêche (f)	шафтоли	shaftoli
abricot (m)	ўрик	o'rik
framboise (f)	малина	malina
ananas (m)	ананас	ananas
banane (f)	банан	banan
pastèque (f)	тарвуз	tarvuz
raisin (m)	узум	uzum
cerise (f)	олча	olcha
merise (f)	гилос	gilos
melon (m)	қовун	qovun
pamplemousse (m)	грейпфрут	greypfrut
avocat (m)	авокадо	avokado
papaye (f)	папайя	papayya
mangue (f)	манго	mango
grenade (f)	анор	anor
groseille (f) rouge	қизил смородина	qizil smorodina
cassis (m)	қора смородина	qora smorodina
groseille (f) verte	крижовник	krijovnik
myrtille (f)	черника	chernika
mûre (f)	маймунжон	maymunjon

raisin (m) sec	майиз	mayiz
figue (f)	анжир	anjir
datte (f)	хурмо	xurmo

cacahuète (f)	ерёнғоқ	eryong'oq
amande (f)	бодом	bodom
noix (f)	ёнғоқ	yong'oq
noisette (f)	ўрмон ёнғоғи	o'rmon yong'og'i
noix (f) de coco	кокос ёнғоғи	kokos yong'og'i
pistaches (f pl)	писта	pista

56. Le pain. Les confiseries

confiserie (f)	қандолат маҳсулотлари	qandolat mahsulotlari
pain (m)	нон	non
biscuit (m)	печене	pechene

chocolat (m)	шоколад	shokolad
en chocolat (adj)	шоколадли	shokoladli
bonbon (m)	конфет	konfet
gâteau (m), pâtisserie (f)	пирожное	pirojnoe
tarte (f)	торт	tort

| gâteau (m) | пирог | pirog |
| garniture (f) | начинка | nachinka |

confiture (f)	мураббо	murabbo
marmelade (f)	мармелад	marmelad
gaufre (f)	вафли	vafli
glace (f)	музқаймоқ	muzqaymoq
pudding (m)	пудинг	puding

57. Les épices

sel (m)	туз	tuz
salé (adj)	тузли	tuzli
saler (vt)	тузламоқ	tuzlamoq

poivre (m) noir	қора мурч	qora murch
poivre (m) rouge	қизил қалампир	qizil qalampir
moutarde (f)	горчица	gorchitsa
raifort (m)	хрен	xren

condiment (m)	зиравор	ziravor
épice (f)	доривор	dorivor
sauce (f)	қайла	qayla
vinaigre (m)	сирка	sirka
anis (m)	анис	anis

basilic (m)	райҳон	rayhon
clou (m) de girofle	қалампирмунчоқ	qalampirmunchoq
gingembre (m)	занжабил	zanjabil
coriandre (m)	кашнич	kashnich
cannelle (f)	долчин	dolchin
sésame (m)	кунжут	kunjut
feuille (f) de laurier	лавр япроғи	lavr yaprog'i
paprika (m)	гармдори	garmdori
cumin (m)	зира	zira
safran (m)	заъфарон	za'faron

T&P BOOKS

LES DONNÉES PERSONNELLES. LA FAMILLE

T&P Books Publishing

58. Les données personnelles. Les formulaires

prénom (m)	исм	ism
nom (m) de famille	фамилия	familiya
date (f) de naissance	туғилган сана	tug'ilgan sana
lieu (m) de naissance	туғилган жойи	tug'ilgan joyi
nationalité (f)	миллати	millati
domicile (m)	турар жойи	turar joyi
pays (m)	мамлакат	mamlakat
profession (f)	касб	kasb
sexe (m)	жинс	jins
taille (f)	бўй	bo'y
poids (m)	вазн	vazn

59. La famille. Les liens de parenté

mère (f)	она	ona
père (m)	ота	ota
fils (m)	ўғли	o'g'li
fille (f)	қиз	qiz
fille (f) cadette	кичик қиз	kichik qiz
fils (m) cadet	кичик ўғил	kichik o'g'il
fille (f) aînée	катта қизи	katta qizi
fils (m) aîné	катта ўғли	katta o'g'li
frère (m) aîné	ака	aka
frère (m) cadet	ука	uka
sœur (f) aînée	опа	opa
sœur (f) cadette	сингил	singil
cousin (m)	амакивачча, холавачча	amakivachcha, xolavachcha
cousine (f)	амакивачча, холавачча	amakivachcha, xolavachcha
maman (f)	ойи	oyi
papa (m)	дада	dada
parents (m pl)	ота-она	ota-ona
enfant (m, f)	бола	bola
enfants (pl)	болалар	bolalar
grand-mère (f)	буви	buvi
grand-père (m)	бобо	bobo

petit-fils (m)	невара	nevara
petite-fille (f)	набира	nabira
petits-enfants (pl)	невapалар	nevaralar

oncle (m)	амаки	amaki
tante (f)	хола	xola
neveu (m)	жиян	jiyan
nièce (f)	жиян	jiyan

belle-mère (f)	қайнона	qaynona
beau-père (m)	қайнота	qaynota
gendre (m)	куёв	kuyov
belle-mère (f)	ўгай она	o'gay ona
beau-père (m)	ўгай ота	o'gay ota

nourrisson (m)	гўдак	go'dak
bébé (m)	чақалоқ	chaqaloq
petit (m)	кичкинтой	kichkintoy

femme (f)	хотин	xotin
mari (m)	ер	er
époux (m)	рафиқ	rafiq
épouse (f)	рафиқа	rafiqa

marié (adj)	уйланган	uylangan
mariée (adj)	турмушга чиққан	turmushga chiqqan
célibataire (adj)	бўйдоқ	bo'ydoq
célibataire (m)	бўйдоқ	bo'ydoq
divorcé (adj)	ажрашган	ajrashgan
veuve (f)	бева аёл	beva ayol
veuf (m)	бева еркак	beva erkak

parent (m)	қариндош	qarindosh
parent (m) proche	яқин қариндош	yaqin qarindosh
parent (m) éloigné	узоқ қариндош	uzoq qarindosh
parents (m pl)	қариндошлар	qarindoshlar

orphelin (m), orpheline (f)	йетим	yetim
tuteur (m)	васий	vasiy
adopter (un garçon)	ўғил қилиб олиш	o'g'il qilib olish
adopter (une fille)	қиз қилиб олиш	qiz qilib olish

60. Les amis. Les collègues

ami (m)	дўст	do'st
amie (f)	дугона	dugona
amitié (f)	дўстлик	do'stlik
être ami	дўстлашмоқ	do'stlashmoq
copain (m)	оғайни	og'ayni
copine (f)	дугона	dugona

partenaire (m)	**шерик**	sherik
chef (m)	**раҳбар**	rahbar
supérieur (m)	**бошлиқ**	boshliq
propriétaire (m)	**ега**	ega
subordonné (m)	**бўйсунувчи**	bo'ysunuvchi
collègue (m, f)	**ҳамкасб**	hamkasb
connaissance (f)	**таниш**	tanish
compagnon (m) de route	**йўловчи**	yo'lovchi
copain (m) de classe	**синфдош**	sinfdosh
voisin (m)	**қўшни еркак**	qo'shni erkak
voisine (f)	**қўшни аёл**	qo'shni ayol
voisins (m pl)	**қўшнилар**	qo'shnilar

T&P BOOKS

LE CORPS HUMAIN.
LES MÉDICAMENTS

T&P Books Publishing

tête (f)	бош	bosh
visage (m)	юз	yuz
nez (m)	бурун	burun
bouche (f)	оғиз	og'iz
œil (m)	кўз	ko'z
les yeux	кўзлар	ko'zlar
pupille (f)	қорачиқ	qorachiq
sourcil (m)	қош	qosh
cil (m)	киприк	kiprik
paupière (f)	кўз қовоғи	ko'z qovog'i
langue (f)	тил	til
dent (f)	тиш	tish
lèvres (f pl)	лаблар	lablar
pommettes (f pl)	ёноқлар	yonoqlar
gencive (f)	милк	milk
palais (m)	танглай	tanglay
narines (f pl)	бурун тешиги	burun teshigi
menton (m)	енгак	engak
mâchoire (f)	жағ	jag'
joue (f)	юз	yuz
front (m)	пешона	peshona
tempe (f)	чакка	chakka
oreille (f)	қулоқ	quloq
nuque (f)	гардан	gardan
cou (m)	бўйин	bo'yin
gorge (f)	томоқ	tomoq
cheveux (m pl)	сочлар	sochlar
coiffure (f)	турмак	turmak
coupe (f)	кесиш	kesish
perruque (f)	ясама соч	yasama soch
moustache (f)	мўйлов	mo'ylov
barbe (f)	соқол	soqol
porter (~ la barbe)	қўйиш	qo'yish
tresse (f)	соч ўрими	soch o'rimi
favoris (m pl)	чекка соқол	chekka soqol
roux (adj)	малла	malla
gris, grisonnant (adj)	оқарган	oqargan

chauve (adj)	кал	kal
calvitie (f)	сочи йўқ жой	sochi yo'q joy

queue (f) de cheval	дум	dum
frange (f)	пешонагажак	peshonagajak

62. Le corps humain

main (f)	панжа	panja
bras (m)	қўл	qo'l

doigt (m)	бармоқ	barmoq
pouce (m)	катта бармоқ	katta barmoq
petit doigt (m)	жимжилоқ	jimjiloq
ongle (m)	тирноқ	tirnoq

poing (m)	мушт	musht
paume (f)	кафт	kaft
poignet (m)	билак	bilak
avant-bras (m)	билак	bilak

coude (m)	тирсак	tirsak
épaule (f)	елка	elka

jambe (f)	оёқ	oyoq
pied (m)	товон таги	tovon tagi
genou (m)	тизза	tizza
mollet (m)	болдир	boldir

hanche (f)	сон	son
talon (m)	товон	tovon

corps (m)	тана	tana
ventre (m)	қорин	qorin
poitrine (f)	кўкрак	ko'krak
sein (m)	сийна, емчак	siyna, emchak
côté (m)	ёнбош	yonbosh
dos (m)	орқа	orqa

reins (région lombaire)	бел	bel
taille (f) (~ de guêpe)	бел	bel

nombril (m)	киндик	kindik
fesses (f pl)	думбалар	dumbalar
derrière (m)	орқа	orqa

grain (m) de beauté	хол	xol
tache (f) de vin	қашқа хол	qashqa xol
tatouage (m)	татуировка	tatuirovka
cicatrice (f)	чандиқ	chandiq

63. Les maladies

maladie (f)	касаллик	kasallik
être malade	касал бўлмоқ	kasal bo'lmoq
santé (f)	саломатлик	salomatlik
rhume (m) (coryza)	тумов	tumov
angine (f)	ангина	angina
refroidissement (m)	шамоллаш	shamollash
prendre froid	шамолламоқ	shamollamoq
bronchite (f)	бронхит	bronxit
pneumonie (f)	ўпка яллигланиши	o'pka yalliglanishi
grippe (f)	грипп	gripp
myope (adj)	узоқни кўролмайдиган	uzoqni ko'rolmaydigan
presbyte (adj)	узоқни кўрувчи	uzoqni ko'ruvchi
strabisme (m)	ғилайлик	g'ilaylik
strabique (adj)	ғилай	g'ilay
cataracte (f)	катаракта	katarakta
glaucome (m)	глаукома	glaukoma
insulte (f)	инсулт	insult
crise (f) cardiaque	инфаркт	infarkt
infarctus (m) de myocarde	миоакард инфаркти	mioakard infarkti
paralysie (f)	фалажлик	falajlik
paralyser (vt)	фалажламоқ	falajlamoq
allergie (f)	аллергия	allergiya
asthme (m)	астма	astma
diabète (m)	диабет	diabet
mal (m) de dents	тиш оғриғи	tish og'rig'i
carie (f)	кариес	karies
diarrhée (f)	диарея	diareya
constipation (f)	қабзият	qabziyat
estomac (m) barbouillé	меъда бузилиши	me'da buzilishi
intoxication (f) alimentaire	заҳарланиш	zaharlanish
être intoxiqué	заҳарланмоқ	zaharlanmoq
arthrite (f)	артрит	artrit
rachitisme (m)	рахит	raxit
rhumatisme (m)	бод	bod
athérosclérose (f)	атеросклероз	ateroskleroz
gastrite (f)	гастрит	gastrit
appendicite (f)	аппендецин	appendetsin
cholécystite (f)	холецистит	xoletsistit
ulcère (m)	ошқозон яраси	oshqozon yarasi
rougeole (f)	қизамиқ	qizamiq

rubéole (f)	қизилча	qizilcha
jaunisse (f)	сариқ касали	sariq kasali
hépatite (f)	гепатит	gepatit
schizophrénie (f)	шизофрения	shizofreniya
rage (f) (hydrophobie)	қутуриш	quturish
névrose (f)	невроз	nevroz
commotion (f) cérébrale	миянинг чайқалиши	miyaning chayqalishi
cancer (m)	саратон	saraton
sclérose (f)	склероз	skleroz
sclérose (f) en plaques	паришонхотир склероз	parishonxotir skleroz
alcoolisme (m)	алкоголизм	alkogolizm
alcoolique (m)	алкоголик	alkogolik
syphilis (f)	сифилис	sifilis
SIDA (m)	ОИТС	OITS
tumeur (f)	ўсма	o'sma
maligne (adj)	хавфли	xavfli
bénigne (adj)	безарар	bezarar
fièvre (f)	иситмали қалтироқ	isitmali qaltiroq
malaria (f)	безгак	bezgak
gangrène (f)	қорасон	qorason
mal (m) de mer	денгиз касали	dengiz kasali
épilepsie (f)	тутқаноқ	tutqanoq
épidémie (f)	епидемия	epidemiya
typhus (m)	терлама	terlama
tuberculose (f)	сил	sil
choléra (m)	вабо	vabo
peste (f)	ўлат	o'lat

64. Les symptômes. Le traitement. Partie 1

symptôme (m)	симптом	simptom
température (f)	ҳарорат	harorat
fièvre (f)	юқори ҳарорат	yuqori harorat
pouls (m)	пулс	puls
vertige (m)	бош айланиши	bosh aylanishi
chaud (adj)	иссиқ	issiq
frisson (m)	қалтироқ	qaltiroq
pâle (adj)	рангпар	rangpar
toux (f)	йўтал	yo'tal
tousser (vi)	йўталмоқ	yo'talmoq
éternuer (vi)	аксирмоқ	aksirmoq
évanouissement (m)	бехушлик	behushlik
s'évanouir (vp)	ҳушидан кетиб қолмоқ	hushidan ketib qolmoq

bleu (m)	мўматалоқ	mo'mataloq
bosse (f)	ғурра	g'urra
se heurter (vp)	урилмоқ	urilmoq
meurtrissure (f)	урилган жой	urilgan joy
se faire mal	уриб олмоқ	urib olmoq
boiter (vi)	чўлоқланиш	cho'loqlanish
foulure (f)	чиқиқ	chiqiq
se démettre (l'épaule, etc.)	чиқармоқ	chiqarmoq
fracture (f)	синдириш	sindirish
avoir une fracture	синдириб олмоқ	sindirib olmoq
coupure (f)	кесилган жой	kesilgan joy
se couper (~ le doigt)	кесиб олиш	kesib olish
hémorragie (f)	қон кетиш	qon ketish
brûlure (f)	куйиш	kuyish
se brûler (vp)	куймоқ	kuymoq
se piquer (le doigt)	санчмоқ	sanchmoq
se piquer (vp)	санчиб олмоқ	sanchib olmoq
blesser (vt)	яраламоқ	yaralamoq
blessure (f)	жароҳат	jarohat
plaie (f) (blessure)	яра	yara
trauma (m)	жароҳатланиш	jarohatlanish
délirer (vi)	алаҳламоқ	alahlamoq
bégayer (vi)	дудуқланмоқ	duduqlanmoq
insolation (f)	қуёш уриши	quyosh urishi

65. Les symptômes. Le traitement. Partie 2

douleur (f)	оғриқ	og'riq
écharde (f)	зирапча	zirapcha
sueur (f)	тер	ter
suer (vi)	терламоқ	terlamoq
vomissement (m)	қайт қилиш	qayt qilish
spasmes (m pl)	томир тортишиш	tomir tortishish
enceinte (adj)	ҳомиладор	homilador
naître (vi)	туғилмоқ	tug'ilmoq
accouchement (m)	туғиш	tug'ish
accoucher (vi)	туғмоқ	tug'moq
avortement (m)	аборт	abort
respiration (f)	нафас	nafas
inhalation (f)	нафас олиш	nafas olish
expiration (f)	нафас чиқариш	nafas chiqarish
expirer (vi)	нафас чиқармоқ	nafas chiqarmoq

inspirer (vi)	нафас олмоқ	nafas olmoq
invalide (m)	ногирон	nogiron
handicapé (m)	мажруҳ	majruh
drogué (m)	гиёҳванд	giyohvand

sourd (adj)	кар	kar
muet (adj)	соқов	soqov
sourd-muet (adj)	кар-соқов	kar-soqov

fou (adj)	жинни	jinni
fou (m)	жинни эркак	jinni erkak
folle (f)	жинни аёл	jinni ayol
devenir fou	ақлдан озиш	aqldan ozish

gène (m)	ген	gen
immunité (f)	иммунитет	immunitet
héréditaire (adj)	ирсий	irsiy
congénital (adj)	туғма	tug'ma

virus (m)	вирус	virus
microbe (m)	микроб	mikrob
bactérie (f)	бактерия	bakteriya
infection (f)	инфекция	infektsiya

66. Les symptômes. Le traitement. Partie 3

| hôpital (m) | касалхона | kasalxona |
| patient (m) | даволанувчи | davolanuvchi |

diagnostic (m)	ташхис	tashxis
cure (f) (faire une ~)	даволаниш	davolanish
traitement (m)	даволаш	davolash
se faire soigner	даволанмоқ	davolanmoq
traiter (un patient)	даволамоқ	davolamoq
soigner (un malade)	қарамоқ	qaramoq
soins (m pl)	муолажа	muolaja

opération (f)	операция	operatsiya
panser (vt)	ярани боғламоқ	yarani bog'lamoq
pansement (m)	ярани боғлаш	yarani bog'lash

vaccination (f)	емлаш	emlash
vacciner (vt)	емламоқ	emlamoq
piqûre (f)	укол	ukol
faire une piqûre	укол қилмоқ	ukol qilmoq

crise, attaque (f)	хуруж, тутқаноқ	xuruj, tutqanoq
amputation (f)	кесиб ташлаш	kesib tashlash
amputer (vt)	кесиб ташламоқ	kesib tashlamoq
coma (m)	кома	koma

| être dans le coma | кома ҳолатида бўлмоқ | koma holatida bo'lmoq |
| réanimation (f) | реанимация | reanimatsiya |

se rétablir (vp)	соғайиш	sog'ayish
état (m) (de santé)	аҳвол	ahvol
conscience (f)	ҳуш	hush
mémoire (f)	хотира	xotira

arracher (une dent)	суғурмоқ	sug'urmoq
plombage (m)	пломба	plomba
plomber (vt)	пломбаламоқ	plombalamoq

| hypnose (f) | гипноз | gipnoz |
| hypnotiser (vt) | гипноз қилмоқ | gipnoz qilmoq |

67. Les médicaments. Les accessoires

médicament (m)	дори-дармон	dori-darmon
remède (m)	даволаш воситалари	davolash vositalari
prescrire (vt)	ёзиб бермоқ	yozib bermoq
ordonnance (f)	рецепт	retsept

comprimé (m)	таблетка дори	tabletka dori
onguent (m)	малҳам дори	malham dori
ampoule (f)	ампула	ampula
mixture (f)	суюқ дори	suyuq dori
sirop (m)	қиём	qiyom
pilule (f)	ҳапдори	hapdori
poudre (f)	кукун дори	kukun dori

bande (f)	бинт	bint
coton (m) (ouate)	пахта	paxta
iode (m)	ёд	yod

sparadrap (m)	пластир	plastir
compte-gouttes (m)	доритомизгич	doritomizgich
thermomètre (m)	тиббий термометр	tibbiy termometr
seringue (f)	шприц	shprits

| fauteuil (m) roulant | аравача | aravacha |
| béquilles (f pl) | қўлтиқтаёқ | qo'ltiqtayoq |

anesthésique (m)	оғриқсизлантирувчи	og'riqsizlantiruvchi
purgatif (m)	сурги дори	surgi dori
alcool (m)	спирт	spirt
herbe (f) médicinale	доривор ўт	dorivor o't
d'herbes (adj)	ўтли	o'tli

T&P BOOKS

L'APPARTEMENT

T&P Books Publishing

68. L'appartement

appartement (m)	хонадон	xonadon
chambre (f)	хона	xona
chambre (f) à coucher	ётоқхона	yotoqxona
salle (f) à manger	йемакхона	yemakxona
salon (m)	меҳмонхона	mehmonxona
bureau (m)	кабинет	kabinet
antichambre (f)	даҳлиз	dahliz
salle (f) de bains	ваннахона	vannaxona
toilettes (f pl)	ҳожатхона	hojatxona
plafond (m)	шип	ship
plancher (m)	пол	pol
coin (m)	бурчак	burchak

69. Les meubles. L'intérieur

meubles (m pl)	мебел	mebel
table (f)	стол	stol
chaise (f)	стул	stul
lit (m)	каравот	karavot
canapé (m)	диван	divan
fauteuil (m)	кресло	kreslo
bibliothèque (f) (meuble)	жавон	javon
rayon (m)	полка	polka
armoire (f)	шкаф	shkaf
patère (f)	кийим илгич	kiyim ilgich
portemanteau (m)	кийим илгич	kiyim ilgich
commode (f)	комод	komod
table (f) basse	журнал столи	jurnal stoli
miroir (m)	кӯзгу	ko'zgu
tapis (m)	гилам	gilam
petit tapis (m)	гиламча	gilamcha
cheminée (f)	камин	kamin
bougie (f)	шам	sham
chandelier (m)	шамдон	shamdon
rideaux (m pl)	дарпарда	darparda

| papier (m) peint | гулқоғоз | gulqog'oz |
| jalousie (f) | дарпарда | darparda |

lampe (f) de table	стол чироғи	stol chirog'i
applique (f)	чироқ	chiroq
lampadaire (m)	торшер	torsher
lustre (m)	қандил	qandil

pied (m) (~ de la table)	оёқ	oyoq
accoudoir (m)	тирсаклагич	tirsaklagich
dossier (m)	суянчиқ	suyanchiq
tiroir (m)	ғаладон	g'aladon

70. La literie

linge (m) de lit	чойшаб	choyshab
oreiller (m)	ёстиқ	yostiq
taie (f) d'oreiller	ёстиқ жилди	yostiq jildi
couverture (f)	адёл	adyol
drap (m)	чойшаб	choyshab
couvre-lit (m)	ўрин ёпинғичи	o'rin yoping'ichi

71. La cuisine

cuisine (f)	ошхона	oshxona
gaz (m)	газ	gaz
cuisinière (f) à gaz	газ плитаси	gaz plitasi
cuisinière (f) électrique	електр плитаси	elektr plitasi
four (m)	духовка	duxovka
four (m) micro-ondes	микротўлқин печи	mikroto'lqin pechi

réfrigérateur (m)	совутгич	sovutgich
congélateur (m)	музлатгич	muzlatgich
lave-vaisselle (m)	идиш-товоқ	idish-tovoq
	ювиш машинаси	yuvish mashinasi

hachoir (m) à viande	гўштқиймалагич	go'shtqiymalagich
centrifugeuse (f)	шарбациққич	sharbatsiqqich
grille-pain (m)	тостер	toster
batteur (m)	миксер	mikser

machine (f) à café	кофе қайнатадиган асбоб	kofe qaynatadigan asbob
cafetière (f)	кофе қайнатадиган идиш	kofe qaynatadigan idish
moulin (m) à café	кофе туядиган асбоб	kofe tuyadigan asbob
bouilloire (f)	чойнак	choynak
théière (f)	чойнак	choynak

couvercle (m)	қопқоқ	qopqoq
passoire (f) à thé	сузгич	suzgich
cuillère (f)	қошиқ	qoshiq
petite cuillère (f)	чой қошиғи	choy qoshig'i
cuillère (f) à soupe	ош қошиғи	osh qoshig'i
fourchette (f)	санчқи	sanchqi
couteau (m)	пичоқ	pichoq
vaisselle (f)	идиш-товоқ	idish-tovoq
assiette (f)	тарелка	tarelka
soucoupe (f)	ликопча	likopcha
verre (m) à shot	қадах	qadah
verre (m) (~ d'eau)	стакан	stakan
tasse (f)	косача	kosacha
sucrier (m)	қанддон	qanddon
salière (f)	туздон	tuzdon
poivrière (f)	мурчдон	murchdon
beurrier (m)	мой идиши	moy idishi
casserole (f)	кастрюл	kastryul
poêle (f)	това	tova
louche (f)	чўмич	cho'mich
passoire (f)	човли	chovli
plateau (m)	патнис	patnis
bouteille (f)	бутилка	butilka
bocal (m) (à conserves)	банка	banka
boîte (f) en fer-blanc	банка	banka
ouvre-bouteille (m)	очқич	ochqich
ouvre-boîte (m)	очқич	ochqich
tire-bouchon (m)	штопор	shtopor
filtre (m)	филтр	filtr
filtrer (vt)	филтрлаш	filtrlash
ordures (f pl)	ахлат	axlat
poubelle (f)	ахлат челак	axlat chelak

72. La salle de bains

salle (f) de bains	ваннахона	vannaxona
eau (f)	сув	suv
robinet (m)	жўмрак	jo'mrak
eau (f) chaude	иссиқ сув	issiq suv
eau (f) froide	совуқ сув	sovuq suv
dentifrice (m)	тиш пастаси	tish pastasi
se brosser les dents	тиш тозаламоқ	tish tozalamoq

brosse (f) à dents	тиш чўткаси	tish cho'tkasi
se raser (vp)	соқол олмоқ	soqol olmoq
mousse (f) à raser	соқол олиш учун кўпик	soqol olish uchun ko'pik
rasoir (m)	устара	ustara

laver (vt)	ювмоқ	yuvmoq
se laver (vp)	ювинмоқ	yuvinmoq
douche (f)	душ	dush
prendre une douche	душ қабул қилиш	dush qabul qilish

baignoire (f)	ванна	vanna
cuvette (f)	унитаз	unitaz
lavabo (m)	раковина	rakovina

| savon (m) | совун | sovun |
| porte-savon (m) | совун қути | sovun quti |

éponge (f)	губка	gubka
shampooing (m)	шампун	shampun
serviette (f)	сочиқ	sochiq
peignoir (m) de bain	халат	xalat

lessive (f) (faire la ~)	кир ювиш	kir yuvish
machine (f) à laver	кир ювиш машинаси	kir yuvish mashinasi
faire la lessive	кир ювмоқ	kir yuvmoq
lessive (f) (poudre)	кир ювиш порошоги	kir yuvish poroshogi

73. Les appareils électroménagers

téléviseur (m)	телевизор	televizor
magnétophone (m)	магнитофон	magnitofon
magnétoscope (m)	видеомагнитофон	videomagnitofon
radio (f)	приёмник	priyomnik
lecteur (m)	плеер	pleer

vidéoprojecteur (m)	видеопроектор	videoproektor
home cinéma (m)	уй кинотеатри	uy kinoteatri
lecteur DVD (m)	ДВД проигриватели	DVD proigrivateli
amplificateur (m)	кучайтиргич	kuchaytirgich
console (f) de jeux	ўйин приставкаси	o'yin pristavkasi

caméscope (m)	видеокамера	videokamera
appareil (m) photo	фотоаппарат	fotoapparat
appareil (m) photo numérique	рақамли фотоаппарат	raqamli fotoapparat

aspirateur (m)	чангютгич	changyutgich
fer (m) à repasser	дазмол	dazmol
planche (f) à repasser	дазмол тахта	dazmol taxta
téléphone (m)	телефон	telefon

portable (m)	**мобил телефон**	mobil telefon
machine (f) à écrire	**ёзув машинкаси**	yozuv mashinkasi
machine (f) à coudre	**тикув машинкаси**	tikuv mashinkasi
micro (m)	**микрофон**	mikrofon
écouteurs (m pl)	**наушниклар**	naushniklar
télécommande (f)	**пулт**	pult
CD (m)	**СД-диск**	CD-disk
cassette (f)	**кассета**	kasseta
disque (m) (vinyle)	**пластинка**	plastinka

LA TERRE. LE TEMPS

T&P Books Publishing

cosmos (m)	космос	kosmos
cosmique (adj)	космик	kosmik
espace (m) cosmique	космик фазо	kosmik fazo
monde (m)	олам	olam
univers (m)	коинот	koinot
galaxie (f)	галактика	galaktika
étoile (f)	юлдуз	yulduz
constellation (f)	юлдузлар туркуми	yulduzlar turkumi
planète (f)	планета	planeta
satellite (m)	йўлдош	yo'ldosh
météorite (m)	метеорит	meteorit
comète (f)	комета	kometa
astéroïde (m)	астероид	asteroid
orbite (f)	орбита	orbita
tourner (vi)	айланмоқ	aylanmoq
atmosphère (f)	атмосфера	atmosfera
Soleil (m)	Қуёш	Quyosh
système (m) solaire	Қуёш системаси	Quyosh sistemasi
éclipse (f) de soleil	Қуёш тутилиши	Quyosh tutilishi
Terre (f)	Ер	Er
Lune (f)	Ой	Oy
Mars (m)	Марс	Mars
Vénus (f)	Венера	Venera
Jupiter (m)	Юпитер	Yupiter
Saturne (m)	Сатурн	Saturn
Mercure (m)	Меркурий	Merkuriy
Uranus (m)	Уран	Uran
Neptune	Нептун	Neptun
Pluton (m)	Плутон	Pluton
la Voie Lactée	Сомон йўли	Somon Yo'li
la Grande Ours	Катта айиқ	Katta ayiq
la Polaire	Қутб Юлдузи	Qutb Yulduzi
martien (m)	марслик	marslik
extraterrestre (m)	ўзга сайёралик	o'zga sayyoralik

alien (m)	бегона	begona
soucoupe (f) volante	учар ликопча	uchar likopcha
vaisseau (m) spatial	космик кема	kosmik kema
station (f) orbitale	орбитал станция	orbital stantsiya
lancement (m)	старт	start
moteur (m)	двигател	dvigatel
tuyère (f)	сопло	soplo
carburant (m)	ёқилғи	yoqilg'i
cabine (f)	кабина	kabina
antenne (f)	антенна	antenna
hublot (m)	иллюминатор	illyuminator
batterie (f) solaire	қуёш батареяси	quyosh batareyasi
scaphandre (m)	скафандр	skafandr
apesanteur (f)	вазнсизлик	vaznsizlik
oxygène (m)	кислород	kislorod
arrimage (m)	туташтириш	tutashtirish
s'arrimer à …	туташтирмоқ	tutashtirmoq
observatoire (m)	обсерватория	observatoriya
télescope (m)	телескоп	teleskop
observer (vt)	кузатмоқ	kuzatmoq
explorer (un cosmos)	тадқиқ қилмоқ	tadqiq qilmoq

75. La Terre

Terre (f)	Ер	Er
globe (m) terrestre	ер шари	er shari
planète (f)	планета	planeta
atmosphère (f)	атмосфера	atmosfera
géographie (f)	география	geografiya
nature (f)	табиат	tabiat
globe (m) de table	глобус	globus
carte (f)	харита	xarita
atlas (m)	атлас	atlas
Europe (f)	Европа	Evropa
Asie (f)	Осиё	Osiyo
Afrique (f)	Африка	Afrika
Australie (f)	Австралия	Avstrallya
Amérique (f)	Америка	Amerika
Amérique (f) du Nord	Шимолий Америка	Shimoliy Amerika
Amérique (f) du Sud	Жанубий Америка	Janubiy Amerika

| l'Antarctique (m) | **Антарктида** | Antarktida |
| l'Arctique (m) | **Арктика** | Arktika |

76. Les quatre parties du monde

nord (m)	**шимол**	shimol
vers le nord	**шимолга**	shimolga
au nord	**шимолда**	shimolda
du nord (adj)	**шимолий**	shimoliy

sud (m)	**жануб**	janub
vers le sud	**жанубга**	janubga
au sud	**жанубда**	janubda
du sud (adj)	**жанубий**	janubiy

ouest (m)	**ғарб**	g'arb
vers l'occident	**ғарбга**	g'arbga
à l'occident	**ғарбда**	g'arbda
occidental (adj)	**ғарбий**	g'arbiy

est (m)	**шарқ**	sharq
vers l'orient	**шарқга**	sharqga
à l'orient	**шарқда**	sharqda
oriental (adj)	**шарқий**	sharqiy

77. Les océans et les mers

mer (f)	**денгиз**	dengiz
océan (m)	**океан**	okean
golfe (m)	**кўрфаз**	ko'rfaz
détroit (m)	**бўғоз**	bo'g'oz

terre (f) ferme	**йер, қуруқлик**	yer, quruqlik
continent (m)	**материк**	materik
île (f)	**орол**	orol
presqu'île (f)	**ярим орол**	yarim orol
archipel (m)	**архипелаг**	arxipelag

baie (f)	**кўрфаз**	ko'rfaz
port (m)	**бандаргоҳ**	bandargoh
lagune (f)	**лагуна**	laguna
cap (m)	**бурун**	burun

atoll (m)	**атолл**	atoll
récif (m)	**сув ичидаги қоя**	suv ichidagi qoya
corail (m)	**маржон**	marjon
récif (m) de corail	**маржон қоялари**	marjon qoyalari
profond (adj)	**чуқур**	chuqur

profondeur (f)	чуқурлик	chuqurlik
abîme (m)	тагсиз чуқурлик	tagsiz chuqurlik
fosse (f) océanique	камгак	kamgak
courant (m)	оқим	oqim
baigner (vt) (mer)	ювмоқ	yuvmoq
littoral (m)	қирғоқ	qirg'oq
côte (f)	қирғоқ бўйи	qirg'oq bo'yi
marée (f) haute	сувнинг кўтарилиши	suvning ko'tarilishi
marée (f) basse	сувнинг пасайиши	suvning pasayishi
banc (m) de sable	саёзлик	sayozlik
fond (m)	туб	tub
vague (f)	тўлқин	to'lqin
crête (f) de la vague	тўлқин ўркачи	to'lqin o'rkachi
mousse (f)	кўпик	ko'pik
tempête (f) en mer	довул	dovul
ouragan (m)	бўрон	bo'ron
tsunami (m)	сунами	sunami
calme (m)	штил	shtil
calme (tranquille)	тинч	tinch
pôle (m)	қутб	qutb
polaire (adj)	қутбий	qutbiy
latitude (f)	кенглик	kenglik
longitude (f)	узунлик	uzunlik
parallèle (f)	параллел	parallel
équateur (m)	экватор	ekvator
ciel (m)	осмон	osmon
horizon (m)	уфқ	ufq
air (m)	ҳаво	havo
phare (m)	маёқ	mayoq
plonger (vi)	шўнғимоқ	sho'ng'imoq
sombrer (vi)	чўкиб кетмоқ	cho'kib ketmoq
trésor (m)	хазина	xazlna

78. Les noms des mers et des océans

océan (m) Atlantique	Атлантика океани	Atlantika okeani
océan (m) Indien	Ҳинд океани	I lind okeani
océan (m) Pacifique	Тинч океани	Tinch okeani
océan (m) Glacial	Шимолий Муз океани	Shimoliy Muz okeani
mer (f) Noire	Қора денгиз	Qora dengiz
mer (f) Rouge	Қизил денгиз	Qizil dengiz

mer (f) Jaune	Сариқ денгиз	Sariq dengiz
mer (f) Blanche	Оқ денгиз	Oq dengiz
mer (f) Caspienne	Каспий денгизи	Kaspiy dengizi
mer (f) Morte	ўлик денгиз	o'lik dengiz
mer (f) Méditerranée	ўрта ер денгизи	o'rta er dengizi
mer (f) Égée	Егей денгизи	Egey dengizi
mer (f) Adriatique	Адриатика денгизи	Adriatika dengizi
mer (f) Arabique	Араб денгизи	Arab dengizi
mer (f) du Japon	Япон денгизи	Yapon dengizi
mer (f) de Béring	Беринг денгизи	Bering dengizi
mer (f) de Chine Méridionale	Жанубий-Хитой денгизи	Janubiy-Xitoy dengizi
mer (f) de Corail	Маржон денгизи	Marjon dengizi
mer (f) de Tasman	Тасман денгизи	Tasman dengizi
mer (f) Caraïbe	Кариб денгизи	Karib dengizi
mer (f) de Barents	Баренц денгизи	Barents dengizi
mer (f) de Kara	Кара денгизи	Kara dengizi
mer (f) du Nord	Шимолий денгиз	Shimoliy dengiz
mer (f) Baltique	Болтиқ денгизи	Boltiq dengizi
mer (f) de Norvège	Норвегия денгизи	Norvegiya dengizi

79. Les montagnes

montagne (f)	тоғ	tog'
chaîne (f) de montagnes	тоғ тизмалари	tog' tizmalari
crête (f)	тоғ тизмаси	tog' tizmasi
sommet (m)	чўққи	cho'qqi
pic (m)	чўққи	cho'qqi
pied (m)	етак	etak
pente (f)	ёнбағир	yonbag'ir
volcan (m)	вулқон	vulqon
volcan (m) actif	ҳаракатдаги вулқон	harakatdagi vulqon
volcan (m) éteint	ўчган вулқон	o'chgan vulqon
éruption (f)	отилиш	otilish
cratère (m)	кратер	krater
magma (m)	магма	magma
lave (f)	лава	lava
en fusion (lave ~)	қизиган	qizigan
canyon (m)	канён	kanyon
défilé (m) (gorge)	дара	dara

| crevasse (f) | тоғ оралиғи | tog' oralig'i |
| précipice (m) | жарлик, тик жар | jarlik, tik jar |

col (m) de montagne	довон	dovon
plateau (m)	ясси тоғ	yassi tog'
rocher (m)	қоя	qoya
colline (f)	тепалик	tepalik

glacier (m)	музлик	muzlik
chute (f) d'eau	шаршара	sharshara
geyser (m)	гейзер	geyzer
lac (m)	кўл	ko'l

plaine (f)	текислик	tekislik
paysage (m)	манзара	manzara
écho (m)	акс-садо	aks-sado

alpiniste (m)	алпинист	alpinist
varappeur (m)	қояларга чиқувчи спортчи	qoyalarga chiquvchi sportchi
conquérir (vt)	забт етмоқ	zabt etmoq
ascension (f)	тоққа чиқиш	toqqa chiqish

80. Les noms des chaînes de montagne

Alpes (f pl)	Алп тоғлари	Alp tog'lari
Mont Blanc (m)	Монблан	Monblan
Pyrénées (f pl)	Пиреней тоғлари	Pireney tog'lari

Carpates (f pl)	Карпат тоғлари	Karpat tog'lari
Monts Oural (m pl)	Урал тоғлари	Ural tog'lari
Caucase (m)	Кавказ	Kavkaz
Elbrous (m)	Елбрус	Elbrus

Altaï (m)	Олтой тоғлари	Oltoy tog'lari
Tian Chan (m)	Тян-Шан	Tyan-Shan
Pamir (m)	Помир	Pomir
Himalaya (m)	Химлай тоғлари	Himalay tog'lari
Everest (m)	Еверест	Everest

| Andes (f pl) | Анд тоғлари | And tog'lari |
| Kilimandjaro (m) | Килиманжаро | Kilimanjaro |

81. Les fleuves

rivière (f), fleuve (m)	дарё	daryo
source (f)	булоқ	buloq
lit (m) (d'une rivière)	ўзан	o'zan

bassin (m)	ховуз	hovuz
se jeter dans …	… га қўшилмоқ	… ga qo'shilmoq
affluent (m)	ирмоқ	irmoq
rive (f)	қирғоқ	qirg'oq
courant (m)	оқим	oqim
en aval	оқимнинг қуйиси бўйича	oqimning quyisi bo'yicha
en amont	оқимнинг юқориси бўйича	oqimning yuqorisi bo'yicha
inondation (f)	сув босиши	suv bosishi
les grandes crues	сув тошқини	suv toshqini
déborder (vt)	дарёнинг тошиши	daryoning toshishi
inonder (vt)	сув бостирмоқ	suv bostirmoq
bas-fond (m)	саёзлик	sayozlik
rapide (m)	остонатош	ostonatosh
barrage (m)	тўғон	to'g'on
canal (m)	канал	kanal
lac (m) de barrage	сув омбори	suv ombori
écluse (f)	шлюз	shlyuz
plan (m) d'eau	ҳавза	havza
marais (m)	ботқоқ	botqoq
fondrière (f)	ботқоқлик	botqoqlik
tourbillon (m)	гирдоб	girdob
ruisseau (m)	жилға	jilg'a
potable (adj)	ичиладиган	ichiladigan
douce (l'eau ~)	чучук	chuchuk
glace (f)	муз	muz
être gelé	музлаб қолмоқ	muzlab qolmoq

82. Les noms des fleuves

Seine (f)	Сена	Sena
Loire (f)	Луара	Luara
Tamise (f)	Темза	Temza
Rhin (m)	Рейн	Reyn
Danube (m)	Дунай	Dunay
Volga (f)	Волга	Volga
Don (m)	Дон	Don
Lena (f)	Лена	Lena
Huang He (m)	Хуанхе	Xuanxe

Yangzi Jiang (m)	Янцзи	Yantszi
Mékong (m)	Меконг	Mekong
Gange (m)	Ганг	Gang

Nil (m)	Нил	Nil
Congo (m)	Конго	Kongo
Okavango (m)	Окаванго	Okavango
Zambèze (m)	Замбези	Zambezi
Limpopo (m)	Лимпопо	Limpopo
Mississippi (m)	Миссисипи	Missisipi

83. La forêt

| forêt (f) | ўрмон | o'rmon |
| forestier (adj) | ўрмон | o'rmon |

fourré (m)	чангалзор	changalzor
bosquet (m)	дарахтзор	daraxtzor
clairière (f)	яланглик	yalanglik

| broussailles (f pl) | чангалзор | changalzor |
| taillis (m) | бутазор | butazor |

| sentier (m) | сўқмоқча | so'qmoqcha |
| ravin (m) | жарлик | jarlik |

arbre (m)	дарахт	daraxt
feuille (f)	барг	barg
feuillage (m)	барглар	barglar

chute (f) de feuilles	хазонрезгилик	xazonrezgilik
tomber (feuilles)	тўкилмоқ	to'kilmoq
sommet (m)	уч	uch

rameau (m)	шох	shox
branche (f)	бутоқ	butoq
bourgeon (m)	куртак	kurtak
aiguille (f)	игна	igna
pomme (f) de pin	ғудда	g'udda

creux (m)	ковак	kovak
nid (m)	уя	uya
terrier (m) (~ d'un renard)	ин	in

tronc (m)	тана	tana
racine (f)	илдиз	ildiz
écorce (f)	пўстлоқ	po'stloq
mousse (f)	мох	mox
déraciner (vt)	кавламоқ	kavlamoq
abattre (un arbre)	чопмоқ	chopmoq

déboiser (vt)	кесиб ташламоқ	kesib tashlamoq
souche (f)	тўнка	to'nka
feu (m) de bois	гулхан	gulxan
incendie (m)	ёнғин	yong'in
éteindre (feu)	ўчирмоқ	o'chirmoq
garde (m) forestier	ўрмончи	o'rmonchi
protection (f)	муҳофаза	muhofaza
protéger (vt)	муҳофаза қилмоқ	muhofaza qilmoq
braconnier (m)	браконер	brakoner
piège (m) à mâchoires	қопқон	qopqon
cueillir (vt)	термоқ	termoq
s'égarer (vp)	адашиб қолмоқ	adashib qolmoq

84. Les ressources naturelles

ressources (f pl) naturelles	табиий ресурслар	tabiiy resurslar
minéraux (m pl)	фойдали қазилмалар	foydali qazilmalar
gisement (m)	қатлам бўлиб ётган конлар	qatlam bo'lib yotgan konlar
champ (m) (~ pétrolifère)	кон	kon
extraire (vt)	қазиб олмоқ	qazib olmoq
extraction (f)	кончилик	konchilik
minerai (m)	руда	ruda
mine (f) (site)	кон	kon
puits (m) de mine	шахта	shaxta
mineur (m)	кончи	konchi
gaz (m)	газ	gaz
gazoduc (m)	газ қувури	gaz quvuri
pétrole (m)	нефт	neft
pipeline (m)	нефт қувури	neft quvuri
tour (f) de forage	нефт минораси	neft minorasi
derrick (m)	бурғилаш минораси	burg'ilash minorasi
pétrolier (m)	танкер	tanker
sable (m)	қум	qum
calcaire (m)	оҳактош	ohaktosh
gravier (m)	шағал	shag'al
tourbe (f)	торф	torf
argile (f)	лой	loy
charbon (m)	кўмир	ko'mir
fer (m)	темир	temir
or (m)	олтин	oltin
argent (m)	кумуш	kumush

| nickel (m) | никел | nikel |
| cuivre (m) | мис | mis |

zinc (m)	рух	rux
manganèse (m)	марганец	marganets
mercure (m)	симоб	simob
plomb (m)	қўрғошин	qo'rg'oshin

minéral (m)	минерал	mineral
cristal (m)	кристалл	kristall
marbre (m)	мармар	marmar
uranium (m)	уран	uran

85. Le temps

temps (m)	об-ҳаво	ob-havo
météo (f)	об-ҳаво маълумоти	ob-havo ma'lumoti
température (f)	ҳарорат	harorat
thermomètre (m)	термометр	termometr
baromètre (m)	барометр	barometr

humide (adj)	нам	nam
humidité (f)	намлик	namlik
chaleur (f) (canicule)	иссиқ	issiq
torride (adj)	жазирама	jazirama
il fait très chaud	иссиқ	issiq

| il fait chaud | илиқ | iliq |
| chaud (modérément) | илиқ | iliq |

| il fait froid | совуқ | sovuq |
| froid (adj) | совуқ | sovuq |

soleil (m)	қуёш	quyosh
briller (soleil)	нур сочмоқ	nur sochmoq
ensoleillé (jour ~)	қуёшли	quyoshli
se lever (vp)	чиқмоқ	chiqmoq
se coucher (vp)	ўтирмоқ	o'tirmoq

nuage (m)	булут	bulut
nuageux (adj)	булутли	bulutli
nuée (f)	булут	bulut
sombre (adj)	булутли	bulutli

pluie (f)	ёмғир	yomg'ir
il pleut	ёмғир ёғяпти	yomg'ir yog'yapti
pluvieux (adj)	ёмғирли	yomg'irli
bruiner (v imp)	майдалаб ёғмоқ	maydalab yog'moq
pluie (f) torrentielle	шаррос ёмғир	sharros yomg'ir
averse (f)	жала	jala

forte (la pluie ~)	кучли	kuchli
flaque (f)	кўлмак	ko'lmak
se faire mouiller	хўл бўлмоқ	xo'l bo'lmoq

brouillard (m)	туман	tuman
brumeux (adj)	туманли	tumanli
neige (f)	қор	qor
il neige	қор ёғяпти	qor yog'yapti

86. Les intempéries. Les catastrophes naturelles

orage (m)	момақалдироқ	momaqaldiroq
éclair (m)	чақмоқ	chaqmoq
éclater (foudre)	чарақламоқ	charaqlamoq

tonnerre (m)	момақалдироқ	momaqaldiroq
gronder (tonnerre)	гумбурламоқ	gumburlamoq
le tonnerre gronde	момақалдироқ	momaqaldiroq
	гумбурлаяпти	gumburlayapti

| grêle (f) | дўл | do'l |
| il grêle | дўл ёғяпти | do'l yog'yapti |

| inonder (vt) | сув бостирмоқ | suv bostirmoq |
| inondation (f) | сув босиши | suv bosishi |

tremblement (m) de terre	зилзила	zilzila
secousse (f)	силкиниш	silkinish
épicentre (m)	епицентр	epitsentr
éruption (f)	отилиш	otilish
lave (f)	лава	lava

tourbillon (m)	қуюн	quyun
tornade (f)	торнадо	tornado
typhon (m)	тўфон	to'fon

ouragan (m)	бўрон	bo'ron
tempête (f)	довул	dovul
tsunami (m)	сунами	sunami

cyclone (m)	сиклон	siklon
intempéries (f pl)	ёғингарчилик	yog'ingarchilik
incendie (m)	ёнғин	yong'in
catastrophe (f)	ҳалокат	halokat
météorite (m)	метеорит	meteorit

avalanche (f)	кўчки	ko'chki
éboulement (m)	қор кўчкиси	qor ko'chkisi
blizzard (m)	қор бўрони	qor bo'roni
tempête (f) de neige	қор бўралаши	qor bo'ralashi

LA FAUNE

T&P Books Publishing

87. Les mammifères. Les prédateurs

prédateur (m)	йиртқич	yirtqich
tigre (m)	йўлбарс	yo'lbars
lion (m)	шер	sher
loup (m)	бўри	bo'ri
renard (m)	тулки	tulki
jaguar (m)	ягуар	yaguar
léopard (m)	қоплон	qoplon
guépard (m)	гепард	gepard
panthère (f)	қора қоплон	qora qoplon
puma (m)	пума	puma
léopard (m) de neiges	қор қоплони	qor qoploni
lynx (m)	силовсин	silovsin
coyote (m)	коёт	koyot
chacal (m)	шоқол	shoqol
hyène (f)	сиртлон	sirtlon

88. Les animaux sauvages

animal (m)	жонивор	jonivor
bête (f)	ҳайвон	hayvon
écureuil (m)	олмахон	olmaxon
hérisson (m)	типратикан	tipratikan
lièvre (m)	қуён	quyon
lapin (m)	қуён	quyon
blaireau (m)	бўрсиқ	bo'rsiq
raton (m)	енот	enot
hamster (m)	оғмахон	og'maxon
marmotte (f)	суғур	sug'ur
taupe (f)	кўр каламуш	ko'r kalamush
souris (f)	сичқон	sichqon
rat (m)	каламуш	kalamush
chauve-souris (f)	кўршапалак	ko'rshapalak
hermine (f)	оқсувсар	oqsuvsar
zibeline (f)	собол	sobol
martre (f)	сувсар	suvsar

| belette (f) | латча | latcha |
| vison (m) | қоракўзан | qorako'zan |

| castor (m) | сув қундузи | suv qunduzi |
| loutre (f) | қундуз | qunduz |

cheval (m)	от	ot
élan (m)	лос	los
cerf (m)	буғу	bug'u
chameau (m)	туя	tuya

bison (m)	бизон	bizon
aurochs (m)	зубр	zubr
buffle (m)	буйвол	buyvol

zèbre (m)	зебра	zebra
antilope (f)	антилопа	antilopa
chevreuil (m)	кичик буғу	kichik bug'u
biche (f)	кийик	kiyik
chamois (m)	тоғ кийик	tog' kiyik
sanglier (m)	тўнғиз	to'ng'iz

baleine (f)	кит	kit
phoque (m)	тюлен	tyulen
morse (m)	морж	morj
ours (m) de mer	денгиз мушуги	dengiz mushugi
dauphin (m)	делфин	delfin

ours (m)	айиқ	ayiq
ours (m) blanc	оқ айиқ	oq ayiq
panda (m)	панда	panda

singe (m)	маймун	maymun
chimpanzé (m)	шимпанзе	shimpanze
orang-outang (m)	орангутанг	orangutang
gorille (m)	горилла	gorilla
macaque (m)	макака	makaka
gibbon (m)	гиббон	gibbon

| éléphant (m) | фил | fil |
| rhinocéros (m) | каркидон | karkidon |

| girafe (f) | жираф | jiraf |
| hippopotame (m) | бегемот | begemot |

| kangourou (m) | кенгуру | kenguru |
| koala (m) | коала | koala |

mangouste (f)	мангуст	mangust
chinchilla (m)	шиншилла	shinshilla
mouffette (f)	сассиқ кўзан	sassiq ko'zan
porc-épic (m)	жайра	jayra

89. Les animaux domestiques

chat (m) (femelle)	мушук	mushuk
chat (m) (mâle)	мушук	mushuk
chien (m)	ит	it
cheval (m)	от	ot
étalon (m)	айғир	ayg'ir
jument (f)	бия	biya
vache (f)	мол	mol
taureau (m)	буқа	buqa
bœuf (m)	ҳўкиз	ho'kiz
brebis (f)	қўй	qo'y
mouton (m)	қўчқор	qo'chqor
chèvre (f)	ечки	echki
bouc (m)	така	taka
âne (m)	ешак	eshak
mulet (m)	хачир	xachir
cochon (m)	чўчқа	cho'chqa
pourceau (m)	чўчқа боласи	cho'chqa bolasi
lapin (m)	қуён	quyon
poule (f)	товуқ	tovuq
coq (m)	хўроз	xo'roz
canard (m)	ўрдак	o'rdak
canard (m) mâle	ўрдак	o'rdak
oie (f)	ғоз	g'oz
dindon (m)	курка	kurka
dinde (f)	курка	kurka
animaux (m pl) domestiques	уй ҳайвонлари	uy hayvonlari
apprivoisé (adj)	қўлга ўргатилган	qo'lga o'rgatilgan
apprivoiser (vt)	қўлга ўргатмоқ	qo'lga o'rgatmoq
élever (vt)	боқмоқ	boqmoq
ferme (f)	ферма	ferma
volaille (f)	уй паррандаси	uy parrandasi
bétail (m)	мол	mol
troupeau (m)	пода	poda
écurie (f)	отхона	otxona
porcherie (f)	чўчқахона	cho'chqaxona
vacherie (f)	молхона	molxona
cabane (f) à lapins	қуёнхона	quyonxona
poulailler (m)	товуқхона	tovuqxona

90. Les oiseaux

oiseau (m)	қуш	qush
pigeon (m)	каптар	kaptar
moineau (m)	чумчуқ	chumchuq
mésange (f)	читтак	chittak
pie (f)	ҳакка	hakka
corbeau (m)	қарға	qarg'a
corneille (f)	қарға	qarg'a
choucas (m)	зоғча	zog'cha
freux (m)	гўнгқарға	go'ngqarg'a
canard (m)	ўрдак	o'rdak
oie (f)	ғоз	g'oz
faisan (m)	қирғовул	qirg'ovul
aigle (m)	бургут	burgut
épervier (m)	қирғий	qirg'iy
faucon (m)	лочин	lochin
vautour (m)	калхат	kalxat
condor (m)	кондор	kondor
cygne (m)	оққуш	oqqush
grue (f)	турна	turna
cigogne (f)	лайлак	laylak
perroquet (m)	тўтиқуш	to'tiqush
colibri (m)	колибри	kolibri
paon (m)	товус	tovus
autruche (f)	туяқуш	tuyaqush
héron (m)	қарқара	qarqara
flamant (m)	фламинго	flamingo
pélican (m)	сақоқуш	saqoqush
rossignol (m)	булбул	bulbul
hirondelle (f)	қалдирғоч	qaldirg'och
merle (m)	қораялоқ	qorayaloq
grive (f)	сайроқи қораялоқ	sayroqi qorayaloq
merle (m) noir	қора қораялоқ	qora qorayaloq
martinet (m)	жарқалдирғоч	jarqaldirg'och
alouette (f) des champs	тўрғай	to'rg'ay
caille (f)	бедана	bedana
pivert (m)	қизилиштон	qizilishton
coucou (m)	какку	kakku
chouette (f)	бойқуш	boyqush
hibou (m)	укки	ukki

tétras (m)	карқуш	karqush
tétras-lyre (m)	қур	qur
perdrix (f)	каклик	kaklik

étourneau (m)	чуғурчиқ	chug'urchiq
canari (m)	канарейка	kanareyka
gélinotte (f) des bois	булдуруқ	bulduruq
pinson (m)	зяблик	zyablik
bouvreuil (m)	снегир	snegir

mouette (f)	чайка	chayka
albatros (m)	албатрос	albatros
pingouin (m)	пингвин	pingvin

91. Les poissons. Les animaux marins

brème (f)	лешч	leshch
carpe (f)	зоғорабалиқ	zog'orabaliq
perche (f)	олабуға	olabug'a
silure (m)	лаққа балиқ	laqqa baliq
brochet (m)	чўртанбалиқ	cho'rtanbaliq

| saumon (m) | лосос | losos |
| esturgeon (m) | осётр | osyotr |

hareng (m)	селд	seld
saumon (m) atlantique	сёмга	syomga
maquereau (m)	скумбрия	skumbriya
flet (m)	камбала	kambala

sandre (f)	судак	sudak
morue (f)	треска	treska
thon (m)	тунец	tunets
truite (f)	форел	forel

anguille (f)	илонбалиқ	ilonbaliq
torpille (f)	електр скат	elektr skat
murène (f)	мурена	murena
piranha (m)	пираня	piranya

requin (m)	акула	akula
dauphin (m)	делфин	delfin
baleine (f)	кит	kit

crabe (m)	қисқичбақа	qisqichbaqa
méduse (f)	медуза	meduza
pieuvre (f), poulpe (m)	саккизоёқ	sakkizoyoq

| étoile (f) de mer | денгиз юлдузи | dengiz yulduzi |
| oursin (m) | денгиз кирписи | dengiz kirpisi |

hippocampe (m)	денгиз оти	dengiz oti
huître (f)	устрица	ustritsa
crevette (f)	креветка	krevetka
homard (m)	омар	omar
langoustine (f)	лангуст	langust

92. Les amphibiens. Les reptiles

| serpent (m) | илон | ilon |
| venimeux (adj) | заҳарли | zaharli |

vipère (f)	қора илон	qora ilon
cobra (m)	кобра	kobra
python (m)	питон	piton
boa (m)	бўғма илон	bo'g'ma ilon

couleuvre (f)	сувилон	suvilon
serpent (m) à sonnettes	шақилдоқ илон	shaqildoq ilon
anaconda (m)	анаконда	anakonda

lézard (m)	калтакесак	kaltakesak
iguane (m)	игуана	iguana
varan (m)	ечкиемар	echkiemar
salamandre (f)	саламандра	salamandra
caméléon (m)	хамелеон	xameleon
scorpion (m)	чаён	chayon

tortue (f)	тошбақа	toshbaqa
grenouille (f)	бақа	baqa
crapaud (m)	қурбақа	qurbaqa
crocodile (m)	тимсоҳ	timsoh

93. Les insectes

insecte (m)	ҳашарот	hasharot
papillon (m)	капалак	kapalak
fourmi (f)	чумоли	chumoli
mouche (f)	пашша	pashsha
moustique (m)	чивин	chivin
scarabée (m)	қўнғиз	qo'ng'iz

guêpe (f)	ари	ari
abeille (f)	асалари	asalari
bourdon (m)	қовоқари	qovoqari
œstre (m)	сўна	so'na

| araignée (f) | ўргимчак | o'rgimchak |
| toile (f) d'araignée | ўргимчак ини | o'rgimchak ini |

libellule (f)	**ниначи**	ninachi
sauterelle (f)	**чигиртка**	chigirtka
papillon (m)	**парвона**	parvona
cafard (m)	**суварак**	suvarak
tique (f)	**кана**	kana
puce (f)	**бурга**	burga
moucheron (m)	**майда чивин**	mayda chivin
criquet (m)	**чигиртка**	chigirtka
escargot (m)	**шиллиқ қурт**	shilliq qurt
grillon (m)	**қора чигиртка**	qora chigirtka
luciole (f)	**ялтироқ қўнғиз**	yaltiroq qoʻngʻiz
coccinelle (f)	**хонқизи**	xonqizi
hanneton (m)	**тиллақўнғиз**	tillaqoʻngʻiz
sangsue (f)	**зулук**	zuluk
chenille (f)	**капалак курти**	kapalak qurti
ver (m)	**чувалчанг**	chuvalchang
larve (f)	**қурт**	qurt

LA FLORE

T&P Books Publishing

arbre (m)	дарахт	daraxt
à feuilles caduques	баргли	bargli
conifère (adj)	игнабаргли	ignabargli
à feuilles persistantes	доимяшил	doimyashil

pommier (m)	олма	olma
poirier (m)	нок	nok
merisier (m)	гилос	gilos
cerisier (m)	олча	olcha
prunier (m)	олхӱри	olxo'ri

bouleau (m)	оқ қайин	oq qayin
chêne (m)	еман	eman
tilleul (m)	жӱка дарахти	jo'ka daraxti
tremble (m)	тоғтерак	tog'terak
érable (m)	заранг дарахти	zarang daraxti

épicéa (m)	қорақарағай	qoraqarag'ay
pin (m)	қарағай	qarag'ay
mélèze (m)	тилоғоч	tilog'och

| sapin (m) | оққарағай | oqqarag'ay |
| cèdre (m) | кедр | kedr |

| peuplier (m) | терак | terak |
| sorbier (m) | четан | chetan |

| saule (m) | мажнунтол | majnuntol |
| aune (m) | олха | olxa |

| hêtre (m) | қора қайин | qora qayin |
| orme (m) | қайрағоч | qayrag'och |

| frêne (m) | шумтол | shumtol |
| marronnier (m) | каштан | kashtan |

magnolia (m)	магнолия	magnoliya
palmier (m)	палма	palma
cyprès (m)	кипарис	kiparis

palétuvier (m)	мангро дарахти	mangro daraxti
baobab (m)	баобаб	baobab
eucalyptus (m)	евкалипт	evkalipt
séquoia (m)	секвойя	sekvoyya

95. Les arbustes

buisson (m)	**бута**	buta
arbrisseau (m)	**бутазор**	butazor
vigne (f)	**узум**	uzum
vigne (f) (vignoble)	**узумзор**	uzumzor
framboise (f)	**малина**	malina
cassis (m)	**қора смородина**	qora smorodina
groseille (f) rouge	**қизил смородина**	qizil smorodina
groseille (f) verte	**крижовник**	krijovnik
acacia (m)	**акация**	akatsiya
berbéris (m)	**зирк**	zirk
jasmin (m)	**ясмин**	yasmin
genévrier (m)	**қора арча**	qora archa
rosier (m)	**атиргул тупи**	atirgul tupi
églantier (m)	**наъматак**	na'matak

96. Les fruits. Les baies

fruit (m)	**мева**	meva
fruits (m pl)	**мевалар**	mevalar
pomme (f)	**олма**	olma
poire (f)	**нок**	nok
prune (f)	**олхўри**	olxo'ri
fraise (f)	**қулупнай**	qulupnay
cerise (f)	**олча**	olcha
merise (f)	**гилос**	gilos
raisin (m)	**узум**	uzum
framboise (f)	**малина**	malina
cassis (m)	**қора смородина**	qora smorodina
groseille (f) rouge	**қизил смородина**	qizil smorodina
groseille (f) verte	**крижовник**	krijovnik
canneberge (f)	**клюква**	klyukva
orange (f)	**апелсин**	apelsin
mandarine (f)	**мандарин**	mandarin
ananas (m)	**ананас**	ananas
banane (f)	**банан**	banan
datte (f)	**хурмо**	xurmo
citron (m)	**лимон**	limon
abricot (m)	**ўрик**	o'rik
pêche (f)	**шафтоли**	shaftoli

kiwi (m)	киви	kivi
pamplemousse (m)	грейпфрут	greypfrut
baie (f)	реза мева	reza meva
baies (f pl)	реза мевалар	reza mevalar
airelle (f) rouge	брусника	brusnika
fraise (f) des bois	йертут	yertut
myrtille (f)	черника	chernika

97. Les fleurs. Les plantes

fleur (f)	гул	gul
bouquet (m)	даста	dasta
rose (f)	атиргул	atirgul
tulipe (f)	лола	lola
oeillet (m)	чиннигул	chinnigul
glaïeul (m)	гладиолус	gladiolus
bleuet (m)	бўтакўз	bo'tako'z
campanule (f)	қўнғироқгул	qo'ng'iroqgul
dent-de-lion (f)	момақаймоқ	momaqaymoq
marguerite (f)	мойчечак	moychechak
aloès (m)	алое	aloe
cactus (m)	кактус	kaktus
ficus (m)	фикус	fikus
lis (m)	лилия	liliya
géranium (m)	ёронгул	yorongul
jacinthe (f)	сунбул	sunbul
mimosa (m)	мимоза	mimoza
jonquille (f)	наргис	nargis
capucine (f)	лотин чечаги	lotin chechagi
orchidée (f)	орхидея	orxideya
pivoine (f)	саллагул	sallagul
violette (f)	бинафша	binafsha
pensée (f)	капалакгул	kapalakgul
myosotis (m)	бўтакўз	bo'tako'z
pâquerette (f)	дасторгул	dastorgul
coquelicot (m)	кўкнор	ko'knor
chanvre (m)	наша ўсимлиги	nasha o'simligi
menthe (f)	ялпиз	yalpiz
muguet (m)	марваридгул	marvaridgul
perce-neige (f)	бойчечак	boychechak

ortie (f)	қичитқи ўт	qichitqi o't
oseille (f)	шовул	shovul
nénuphar (m)	нилфия	nilfiya
fougère (f)	қирққулоқ	qirqquloq
lichen (m)	лишайник	lishaynik

serre (f) tropicale	оранжерея	oranjereya
gazon (m)	газон	gazon
parterre (m) de fleurs	клумба	klumba

plante (f)	ўсимлик	o'simlik
herbe (f)	ўт	o't
brin (m) d'herbe	ўт пояси	o't poyasi

feuille (f)	барг	barg
pétale (m)	гулбарг	gulbarg
tige (f)	поя	poya
tubercule (m)	тугунак	tugunak

| pousse (f) | куртак | kurtak |
| épine (f) | тиканак | tikanak |

fleurir (vi)	гулламоқ	gullamoq
se faner (vp)	сўлимоқ	so'limoq
odeur (f)	ҳид	hid
couper (vt)	кесиб олмоқ	kesib olmoq
cueillir (fleurs)	узмоқ, узиб олмоқ	uzmoq, uzib olmoq

98. Les céréales

grains (m pl)	ғалла	g'alla
céréales (f pl) (plantes)	ғалла ўсимликлари	g'alla o'simliklari
épi (m)	бошоқ	boshoq

blé (m)	буғдой	bug'doy
seigle (m)	жавдар	javdar
avoine (f)	сули	suli

| millet (m) | тариқ | tariq |
| orge (f) | арпа | arpa |

maïs (m)	маккажўхори	makkajo'xori
riz (m)	шоли	sholi
sarrasin (m)	гречиха	grechixa

pois (m)	нўхат	no'xat
haricot (m)	ловия	loviya
soja (m)	соя	soya
lentille (f)	ясмиқ	yasmiq
fèves (f pl)	дуккакли ўсимликлар	dukkakli o'simliklar

T&P BOOKS

LES PAYS DU MONDE

T&P Books Publishing

Afghanistan (m)	Афғонистон	Afg'oniston
Albanie (f)	Албания	Albaniya
Allemagne (f)	Германия	Germaniya
Angleterre (f)	Англия	Angliya
Arabie (f) Saoudite	Саудия арабистони	Saudiya arabistoni
Argentine (f)	Аргентина	Argentina
Arménie (f)	Арманистон	Armaniston
Australie (f)	Австралия	Avstraliya
Autriche (f)	Австрия	Avstriya
Azerbaïdjan (m)	Озарбайжон	Ozarbayjon
Bahamas (f pl)	Багам ороллари	Bagam orollari
Bangladesh (m)	Бангладеш	Bangladesh
Belgique (f)	Белгия	Belgiya
Biélorussie (f)	Беларус	Belarus
Bolivie (f)	Боливия	Boliviya
Bosnie (f)	Босния ва Герцеговина	Bosniya va Gertsegovina
Brésil (m)	Бразилия	Braziliya
Bulgarie (f)	Болгария	Bolgariya
Cambodge (m)	Камбоджа	Kambodja
Canada (m)	Канада	Kanada
Chili (m)	Чили	Chili
Chine (f)	Хитой	Xitoy
Chypre (m)	Кипр	Kipr
Colombie (f)	Колумбия	Kolumbiya
Corée (f) du Nord	Шимолий корея	Shimoliy koreya
Corée (f) du Sud	Жанубий Корея	Janubiy Koreya
Croatie (f)	Хорватия	Xorvatiya
Cuba (f)	Куба	Kuba
Danemark (m)	Дания	Daniya
Écosse (f)	Шотландия	Shotlandiya
Égypte (f)	Миср	Misr
Équateur (m)	Эквадор	Ekvador
Espagne (f)	Испания	Ispaniya
Estonie (f)	Эстония	Estoniya
Les États Unis	Америка Қўшма Штатлари	Amerika Qo'shma Shtatlari
Fédération (f) des Émirats Arabes Unis	Бирлашган Араб Амирликлари	Birlashgan Arab Amirliklari
Finlande (f)	Финляндия	Finlyandiya
France (f)	Франция	Frantsiya

Géorgie (f)	Грузия	Gruziya
Ghana (m)	Гана	Gana
Grande-Bretagne (f)	Буюк Британия	Buyuk Britaniya
Grèce (f)	Греция	Gretsiya

100. Les pays du monde. Partie 2

| Haïti (m) | Гаити | Gaiti |
| Hongrie (f) | Венгрия | Vengriya |

Inde (f)	Хиндистон	Hindiston
Indonésie (f)	Индонезия	Indoneziya
Iran (m)	Ерон	Eron
Iraq (m)	Ироқ	Iroq
Irlande (f)	Ирландия	Irlandiya
Islande (f)	Исландия	Islandiya
Israël (m)	Исроил	Isroil
Italie (f)	Италия	Italiya

Jamaïque (f)	Жамайка	Jamayka
Japon (m)	Япония	Yaponiya
Jordanie (f)	Иордания	Iordaniya
Kazakhstan (m)	Қозоғистон	Qozog'iston
Kenya (m)	Кения	Keniya
Kirghizistan (m)	Қирғизистон	Qirg'iziston
Koweït (m)	Қувайт	Quvayt

Laos (m)	Лаос	Laos
Lettonie (f)	Латвия	Latviya
Liban (m)	Ливан	Livan
Libye (f)	Ливия	Liviya
Liechtenstein (m)	Лихтенштейн	Lixtenshteyn
Lituanie (f)	Литва	Litva
Luxembourg (m)	Люксембург	Lyuksemburg

Macédoine (f)	Македония	Makedoniya
Madagascar (f)	Мадагаскар	Madagaskar
Malaisie (f)	Малайзия	Malayziya
Malte (f)	Малта	Malta
Maroc (m)	Марокаш	Marokash
Mexique (m)	Мексика	Meksika
Moldavie (f)	Молдова	Moldova

Monaco (m)	Монако	Monako
Mongolie (f)	Мўғулистон	Mo'g'uliston
Monténégro (m)	Черногория	Chernogoriya
Myanmar (m)	Мянма	Myanma
Namibie (f)	Намибия	Namibiya
Népal (m)	Непал	Nepal
Norvège (f)	Норвегия	Norvegiya

| Nouvelle Zélande (f) | Янги Зеландия | Yangi Zelandiya |
| Ouzbékistan (m) | ўзбекистон | o'zbekiston |

101. Les pays du monde. Partie 3

Pakistan (m)	Покистон	Pokiston
Palestine (f)	Фаластин автономияси	Falastin avtonomiyasi
Panamá (m)	Панама	Panama
Paraguay (m)	Парагвай	Paragvay
Pays-Bas (m)	Нидерландия	Niderlandiya

Pérou (m)	Перу	Peru
Pologne (f)	Полша	Polsha
Polynésie (f) Française	Француз Полинезияси	Frantsuz Polineziyasi
Portugal (m)	Португалия	Portugaliya

République (f) Dominicaine	Доминикана республикаси	Dominikana respublikasi
République (f) Sud-africaine	Жанубий Африка Республикаси	Janubiy Afrika Respublikasi
République (f) Tchèque	Чехия	Chexiya
Roumanie (f)	Руминия	Ruminiya
Russie (f)	Россия	Rossiya

Sénégal (m)	Сенегал	Senegal
Serbie (f)	Сербия	Serbiya
Slovaquie (f)	Словакия	Slovakiya
Slovénie (f)	Словения	Sloveniya
Suède (f)	Швеция	Shvetsiya
Suisse (f)	Швейцария	Shveytsariya
Surinam (m)	Суринам	Surinam
Syrie (f)	Сурия	Suriya

Tadjikistan (m)	Тожикистон	Tojikiston
Taïwan (m)	Тайван	Tayvan
Tanzanie (f)	Танзания	Tanzaniya
Tasmanie (f)	Тасмания	Tasmaniya
Thaïlande (f)	Таиланд	Tailand
Tunisie (f)	Тунис	Tunis
Turkménistan (m)	Туркманистон	Turkmaniston
Turquie (f)	Туркия	Turkiya

Ukraine (f)	Украина	Ukraina
Uruguay (m)	Уругвай	Urugvay
Vatican (m)	Ватикан	Vatikan
Venezuela (f)	Венесуела	Venesuela
Vietnam (m)	Ветнам	Vetnam
Zanzibar (m)	Занзибар	Zanzibar

T&P BOOKS

GLOSSAIRE
GASTRONOMIQUE

Cette section contient
beaucoup de mots associés
à la nourriture. Ce dictionnaire
vous facilitera la tâche
de comprendre le menu
et de commander le bon plat
au restaurant

T&P Books Publishing

Français-Ouzbek glossaire gastronomique

Français	Ouzbek (cyrillique)	Ouzbek (latin)
épi (m)	бошоқ	boshoq
épice (f)	доривор	dorivor
épinard (m)	исмалоқ	ismaloq
œuf (m)	тухум	tuxum
abricot (m)	ўрик	o'rik
addition (f)	ҳисоб	hisob
ail (m)	саримсоқ	sarimsoq
airelle (f) rouge	брусника	brusnika
amande (f)	бодом	bodom
amanite (f) tue-mouches	мухомор	muxomor
amer (adj)	аччиқ	achchiq
ananas (m)	ананас	ananas
anguille (f)	илонбалиқ	ilonbaliq
anis (m)	анис	anis
apéritif (m)	аперитив	aperitiv
appétit (m)	иштаҳа	ishtaha
arrière-goût (m)	қўшимча таъм	qo'shimcha ta'm
artichaut (m)	артишок	artishok
asperge (f)	сарсабил	sarsabil
assiette (f)	тарелка	tarelka
aubergine (f)	бақлажон	baqlajon
avec de la glace	музли	muzli
avocat (m)	авокадо	avokado
avoine (f)	сули	suli
bacon (m)	бекон	bekon
baie (f)	реза мева	reza meva
baies (f pl)	реза мевалар	reza mevalar
banane (f)	банан	banan
bar (m)	бар	bar
barman (m)	бармен	barmen
basilic (m)	райхон	rayhon
betterave (f)	лавлаги	lavlagi
beurre (m)	сариёг	sariyog'
bière (f)	пиво	pivo
bière (f) blonde	оч ранг пиво	och rang pivo
bière (f) brune	тўқ ранг пиво	to'q rang pivo
biscuit (m)	печене	pechene
blé (m)	буғдой	bug'doy
blanc (m) d'œuf	тухумни оқи	tuxumni oqi
boisson (f) non alcoolisée	алкоголсиз ичимлик	alkogolsiz ichimlik
boissons (f pl) alcoolisées	спиртли ичимликлар	spirtli ichimliklar
bolet (m) bai	подберёзовик	podberyozovik

bolet (m) orangé	қизил кўзиқорин	qizil qo'ziqorin
bon (adj)	мазали	mazali
Bon appétit!	Ёқимли иштаҳа!	Yoqimli ishtaha!
bonbon (m)	конфет	konfet
bouillie (f)	бўтқа	bo'tqa
bouillon (m)	қуруқ қайнатма шўрва	quruq qaynatma sho'rva
brème (f)	лешч	leshch
brochet (m)	чўртанбалиқ	cho'rtanbaliq
brocoli (m)	брокколи карами	brokkoli karami
cèpe (m)	оқ кўзиқорин	oq qo'ziqorin
céleri (m)	селдерей	selderey
céréales (f pl)	ғалла ўсимликлари	g'alla o'simliklari
cacahuète (f)	ерёнгоқ	eryong'oq
café (m)	кофе	kofe
café (m) au lait	сутли кофе	sutli kofe
café (m) noir	қора кофе	qora kofe
café (m) soluble	ерийдиган кофе	eriydigan kofe
calamar (m)	калмар	kalmar
calorie (f)	калория	kaloriya
canard (m)	ўрдак	o'rdak
canneberge (f)	клюква	klyukva
cannelle (f)	долчин	dolchin
cappuccino (m)	қаймоқли кофе	qaymoqli kofe
carotte (f)	сабзи	sabzi
carpe (f)	зоғорабалиқ	zog'orabaliq
carte (f)	таомнома	taomnoma
carte (f) des vins	винолар рўйхати	vinolar ro'yxati
cassis (m)	қора смородина	qora smorodina
caviar (m)	увилдириқ	uvildiriq
cerise (f)	олча	olcha
champagne (m)	шампан виноси	shampan vinosi
champignon (m)	кўзиқорин	qo'ziqorin
champignon (m) comestible	еса бўладиган кўзиқорин	esa bo'ladigan qo'ziqorin
champignon (m) vénéneux	заҳарли кўзиқорин	zaharli qo'ziqorin
chaud (adj)	иссиқ	issiq
chocolat (m)	шоколад	shokolad
chou (m)	карам	karam
chou (m) de Bruxelles	брюссел карами	bryussel karami
chou-fleur (m)	гулкарам	gulkaram
citron (m)	лимон	limon
clou (m) de girofle	қалампирмунчоқ	qalampirmunchoq
cocktail (m)	коктейл	kokteyl
cocktail (m) au lait	сутли коктейл	sutli kokteyl
cognac (m)	коняк	konyak
concombre (m)	бодринг	bodring
condiment (m)	зиравор	ziravor
confiserie (f)	қандолат маҳсулотлари	qandolat mahsulotlari
confiture (f)	жем	jem
confiture (f)	мураббо	murabbo
congelé (adj)	музлатилган	muzlatilgan

conserves (f pl)	консерва	konserva
coriandre (m)	кашнич	kashnich
courgette (f)	қовоқча	qovoqcha
couteau (m)	пичоқ	pichoq
crème (f)	қаймоқ	qaymoq
crème (f) aigre	сметана	smetana
crème (f) au beurre	крем	krem
crabe (m)	қисқичбақа	qisqichbaqa
crevette (f)	креветка	krevetka
crustacés (m pl)	қисқичбақасимонлар	qisqichbaqasimonlar
cuillère (f)	қошиқ	qoshiq
cuillère (f) à soupe	ош қошиғи	osh qoshig'i
cuisine (f)	ошхона	oshxona
cuisse (f)	сон гўшти	son go'shti
cuit à l'eau (adj)	пиширилган	pishirilgan
cumin (m)	зира	zira
cure-dent (m)	тиш кавлагич	tish kavlagich
déjeuner (m)	тушлик	tushlik
dîner (m)	кечки овқат	kechki ovqat
datte (f)	хурмо	xurmo
dessert (m)	десерт	desert
dinde (f)	курка	kurka
du bœuf	мол гўшти	mol go'shti
du mouton	қўй гўшти	qo'y go'shti
du porc	чўчқа гўшти	cho'chqa go'shti
du veau	бузоқ гўшти	buzoq go'shti
eau (f)	сув	suv
eau (f) minérale	минерал сув	mineral suv
eau (f) potable	ичимлик сув	ichimlik suv
en chocolat (adj)	шоколадли	shokoladli
esturgeon (m)	осётр гўшти	osyotr go'shti
fèves (f pl)	дуккакли ўсимликлар	dukkakli o'simliklar
farce (f)	қийма	qiyma
farine (f)	ун	un
fenouil (m)	укроп	ukrop
feuille (f) de laurier	лавр япроғи	lavr yaprog'i
figue (f)	анжир	anjir
flétan (m)	палтус	paltus
flet (m)	камбала	kambala
foie (m)	жигар	jigar
fourchette (f)	санчқи	sanchqi
fraise (f)	қулупнай	qulupnay
fraise (f) des bois	йертут	yertut
framboise (f)	малина	malina
frit (adj)	қовурилган	qovurilgan
froid (adj)	совуқ	sovuq
fromage (m)	пишлоқ	pishloq
fruit (m)	мева	meva
fruits (m pl)	мевалар	mevalar
fruits (m pl) de mer	денгиз маҳсулоти	dengiz mahsuloti
fumé (adj)	дудланган	dudlangan
gâteau (m)	пирожное	pirojnoe

gâteau (m)	пирог	pirog
garniture (f)	начинка	nachinka
garniture (f)	гарнир	garnir
gaufre (f)	вафли	vafli
gazeuse (adj)	газланган	gazlangan
gibier (m)	илвасин	ilvasin
gin (m)	джин	djin
gingembre (m)	занжабил	zanjabil
girolle (f)	лисичка	lisichka
glace (f)	муз	muz
glace (f)	музқаймоқ	muzqaymoq
glucides (m pl)	углеводлар	uglevodlar
goût (m)	таъм	ta'm
gomme (f) à mâcher	чайналадиган резинка	chaynaladigan rezinka
grains (m pl)	ғалла	g'alla
grenade (f)	анор	anor
groseille (f) rouge	қизил смородина	qizil smorodina
groseille (f) verte	крижовник	krijovnik
gruau (m)	ёрма	yorma
hamburger (m)	гамбургер	gamburger
hareng (m)	селд	seld
haricot (m)	ловия	loviya
hors-d'œuvre (m)	газак	gazak
huître (f)	устрица	ustritsa
huile (f) d'olive	зайтун ёғи	zaytun yog'i
huile (f) de tournesol	кунгабоқар ёғи	kungaboqar yog'i
huile (f) végétale	ўсимлик ёғи	o'simlik yog'i
jambon (m)	ветчина	vetchina
jaune (m) d'œuf	тухумни сариғи	tuxumni sarig'i
jus (m)	шарбат	sharbat
jus (m) d'orange	апелсин шарбати	apelsin sharbati
jus (m) de tomate	томат шарбати	tomat sharbati
jus (m) pressé	янги сиқилган шарбат	yangi siqilgan sharbat
kiwi (m)	киви	kivi
légumes (m pl)	сабзавотлар	sabzavotlar
lait (m)	сут	sut
lait (m) condensé	қуйилтирилган сут	quyiltirilgan sut
laitue (f), salade (f)	салат	salat
langoustine (f)	лангуст	langust
langue (f)	тил	til
lapin (m)	қуён	quyon
lentille (f)	ясмиқ	yasmiq
les œufs	тухумлар	tuxumlar
les œufs brouillés	тухум қуймоқ	tuxum quymoq
limonade (f)	лимонад	limonad
lipides (m pl)	ёғлар	yog'lar
liqueur (f)	ликёр	likyor
mûre (f)	маймунжон	maymunjon
maïs (m)	маккажўхори	makkajo'xori
maïs (m)	маккажўхори	makkajo'xori
mandarine (f)	мандарин	mandarin
mangue (f)	манго	mango

maquereau (m)	скумбрия	skumbriya
margarine (f)	маргарин	margarin
mariné (adj)	маринадланган	marinadlangan
marmelade (f)	мармелад	marmelad
melon (m)	қовун	qovun
merise (f)	гилос	gilos
miel (m)	асал	asal
miette (f)	урвоқ	urvoq
millet (m)	тариқ	tariq
morceau (m)	бўлак	bo'lak
morille (f)	сморчок	smorchok
morue (f)	треска	treska
moutarde (f)	горчица	gorchitsa
myrtille (f)	черника	chernika
navet (m)	шолғом	sholg'om
noisette (f)	ўрмон ёнғоғи	o'rmon yong'og'i
noix (f)	ёнғоқ	yong'oq
noix (f) de coco	кокос ёнғоғи	kokos yong'og'i
nouilles (f pl)	угра	ugra
nourriture (f)	таом	taom
oie (f)	ғоз	g'oz
oignon (m)	пиёз	piyoz
olives (f pl)	зайтун	zaytun
omelette (f)	қуймоқ	quymoq
orange (f)	апелсин	apelsin
orge (f)	арпа	arpa
oronge (f) verte	қурбақасалла	qurbaqasalla
ouvre-boîte (m)	очқич	ochqich
ouvre-bouteille (m)	очқич	ochqich
pâté (m)	паштет	pashtet
pâtes (m pl)	макарон	makaron
pétales (m pl) de maïs	маккажўхори бодроқ	makkajo'xori bodroq
pétillante (adj)	газли	gazli
pêche (f)	шафтоли	shaftoli
pain (m)	нон	non
pamplemousse (m)	грейпфрут	greypfrut
papaye (f)	папайя	papayya
paprika (m)	гармдори	garmdori
pastèque (f)	тарвуз	tarvuz
peau (f)	пўст	po'st
perche (f)	олабуға	olabug'a
persil (m)	петрушка	petrushka
petit déjeuner (m)	нонушта	nonushta
petite cuillère (f)	чой қошиғи	choy qoshig'i
pistaches (f pl)	писта	pista
pizza (f)	пицца	pitstsa
plat (m)	таом	taom
plate (adj)	газсиз	gazsiz
poire (f)	нок	nok
pois (m)	нўхат	no'xat
poisson (m)	балиқ	baliq
poivre (m) noir	қора мурч	qora murch

poivre (m) rouge	қизил қалампир	qizil qalampir
poivron (m)	қалампир	qalampir
pomme (f)	олма	olma
pomme (f) de terre	картошка	kartoshka
portion (f)	порция	portsiya
potiron (m)	ошқовоқ	oshqovoq
poulet (m)	товуқ	tovuq
pourboire (m)	чойчақа	choychaqa
protéines (f pl)	оқсиллар	oqsillar
prune (f)	олхўри	olxo'ri
pudding (m)	пудинг	puding
purée (f)	картошка пюреси	kartoshka pyuresi
régime (m)	пархез	parhez
radis (m)	редиска	rediska
rafraîchissement (m)	салқин ичимлик	salqin ichimlik
raifort (m)	хрен	xren
raisin (m)	узум	uzum
raisin (m) sec	майиз	mayiz
recette (f)	рецепт	retsept
requin (m)	акула	akula
rhum (m)	ром	rom
riz (m)	гуруч	guruch
russule (f)	сироежка	siroejka
sésame (m)	кунжут	kunjut
safran (m)	заъфарон	za'faron
salé (adj)	тузланган	tuzlangan
salade (f)	салат	salat
sandre (f)	судак	sudak
sandwich (m)	бутерброд	buterbrod
sans alcool	алкоголсиз	alkogolsiz
sardine (f)	сардина	sardina
sarrasin (m)	гречиха	grechixa
sauce (f)	қайла	qayla
sauce (f) mayonnaise	маёнез	mayonez
saucisse (f)	сосиска	sosiska
saucisson (m)	колбаса	kolbasa
saumon (m)	лосос	losos
saumon (m) atlantique	сёмга	syomga
sec (adj)	қуритилган	quritilgan
seigle (m)	жавдар	javdar
sel (m)	туз	tuz
serveur (m)	официант	ofitsiant
serveuse (f)	официантка	ofitsiantka
silure (m)	лаққа балиқ	laqqa baliq
soja (m)	соя	soya
soucoupe (f)	ликопча	likopcha
soupe (f)	шўрва	sho'rva
spaghettis (m pl)	спагетти	spagetti
steak (m)	бифштекс	bifshteks
sucré (adj)	ширин	shirin
sucre (m)	қанд	qand
tarte (f)	торт	tort

tasse (f)	косача	kosacha
thé (m)	чой	choy
thé (m) noir	қора чой	qora choy
thé (m) vert	кўк чой	ko'k choy
thon (m)	тунец	tunets
tire-bouchon (m)	штопор	shtopor
tomate (f)	помидор	pomidor
tranche (f)	тилимча	tilimcha
truite (f)	форел	forel
végétarien (adj)	вегетарианча	vegetariancha
végétarien (m)	вегетариан	vegetarian
verdure (f)	кўкат	ko'kat
vermouth (m)	вермут	vermut
verre (m)	стакан	stakan
verre (m) à vin	қадаҳ	qadah
viande (f)	гўшт	go'sht
vin (m)	вино	vino
vin (m) blanc	оқ вино	oq vino
vin (m) rouge	қизил вино	qizil vino
vinaigre (m)	сирка	sirka
vitamine (f)	витамин	vitamin
vodka (f)	ароқ	aroq
whisky (m)	виски	viski
yogourt (m)	ёгурт	yogurt

Ouzbek-Français glossaire gastronomique

ғалла	g'alla	grains (m pl)
ғалла ўсимликлари	g'alla o'simliklari	céréales (f pl)
ғоз	g'oz	oie (f)
қадаҳ	qadah	verre (m) à vin
қайла	qayla	sauce (f)
қаймоқ	qaymoq	crème (f)
қаймоқли кофе	qaymoqli kofe	cappuccino (m)
қалампир	qalampir	poivron (m)
қалампирмунчоқ	qalampirmunchoq	clou (m) de girofle
қанд	qand	sucre (m)
қандолат маҳсулотлари	qandolat mahsulotlari	confiserie (f)
қизил қалампир	qizil qalampir	poivre (m) rouge
қизил қўзиқорин	qizil qo'ziqorin	bolet (m) orangé
қизил вино	qizil vino	vin (m) rouge
қизил смородина	qizil smorodina	groseille (f) rouge
қийма	qiyma	farce (f)
қисқичбақа	qisqichbaqa	crabe (m)
қисқичбақасимонлар	qisqichbaqasimonlar	crustacés (m pl)
қовоқча	qovoqcha	courgette (f)
қовун	qovun	melon (m)
қовурилган	qovurilgan	frit (adj)
қора кофе	qora kofe	café (m) noir
қора мурч	qora murch	poivre (m) noir
қора смородина	qora smorodina	cassis (m)
қора чой	qora choy	thé (m) noir
қошиқ	qoshiq	cuillère (f)
қуён	quyon	lapin (m)
қуйилтирилган сут	quyiltirilgan sut	lait (m) condensé
қуймоқ	quymoq	omelette (f)
қулупнай	qulupnay	fraise (f)
қурбақасалла	qurbaqasalla	oronge (f) verte
қуритилган	quritilgan	sec (adj)
қуруқ қайнатма шўрва	quruq qaynatma sho'rva	bouillon (m)
қўзиқорин	qo'ziqorin	champignon (m)
қўй гўшти	qo'y go'shti	du mouton
қўшимча таъм	qo'shimcha ta'm	arrière-goût (m)
ҳисоб	hisob	addition (f)
авокадо	avokado	avocat (m)
акула	akula	requin (m)
алкоголсиз	alkogolsiz	sans alcool
алкоголсиз ичимлик	alkogolsiz ichimlik	boisson (f) non alcoolisée
ананас	ananas	ananas (m)
анжир	anjir	figue (f)

анис	anis	anis (m)
анор	anor	grenade (f)
апелсин	apelsin	orange (f)
апелсин шарбати	apelsin sharbati	jus (m) d'orange
аперитив	aperitiv	apéritif (m)
ароқ	aroq	vodka (f)
арпа	arpa	orge (f)
артишок	artishok	artichaut (m)
асал	asal	miel (m)
аччиқ	achchiq	amer (adj)
бақлажон	baqlajon	aubergine (f)
балиқ	baliq	poisson (m)
банан	banan	banane (f)
бар	bar	bar (m)
бармен	barmen	barman (m)
бекон	bekon	bacon (m)
бифштекс	bifshteks	steak (m)
бодом	bodom	amande (f)
бодринг	bodring	concombre (m)
бошоқ	boshoq	épi (m)
брокколи карами	brokkoli karami	brocoli (m)
брусника	brusnika	airelle (f) rouge
брюссел карами	bryussel karami	chou (m) de Bruxelles
буғдой	bug'doy	blé (m)
бузоқ гўшти	buzoq go'shti	du veau
бутерброд	buterbrod	sandwich (m)
бўлак	bo'lak	morceau (m)
бўтқа	bo'tqa	bouillie (f)
вафли	vafli	gaufre (f)
вегетариан	vegetarian	végétarien (m)
вегетарианча	vegetariancha	végétarien (adj)
вермут	vermut	vermouth (m)
ветчина	vetchina	jambon (m)
вино	vino	vin (m)
винолар рўйхати	vinolar ro'yxati	carte (f) des vins
виски	viski	whisky (m)
витамин	vitamin	vitamine (f)
газак	gazak	hors-d'œuvre (m)
газланган	gazlangan	gazeuse (adj)
газли	gazli	pétillante (adj)
газсиз	gazsiz	plate (adj)
гамбургер	gamburger	hamburger (m)
гармдори	garmdori	paprika (m)
гарнир	garnir	garniture (f)
гилос	gilos	merise (f)
горчица	gorchitsa	moutarde (f)
грейпфрут	greypfrut	pamplemousse (m)
гречиха	grechixa	sarrasin (m)
гулкарам	gulkaram	chou-fleur (m)
гуруч	guruch	riz (m)
гўшт	go'sht	viande (f)
денгиз маҳсулоти	dengiz mahsuloti	fruits (m pl) de mer

десерт	desert	dessert (m)
джин	djin	gin (m)
долчин	dolchin	cannelle (f)
доривор	dorivor	épice (f)
дудланган	dudlangan	fumé (adj)
дуккакли ўсимликлар	dukkakli o'simliklar	fèves (f pl)
ерёнғоқ	eryong'oq	cacahuète (f)
ерийдиган кофе	eriydigan kofe	café (m) soluble
еса бўладиган қўзиқорин	esa bo'ladigan qo'ziqorin	champignon (m) comestible
ёғлар	yog'lar	lipides (m pl)
Ёқимли иштаҳа!	Yoqimli ishtaha!	Bon appétit!
ёгурт	yogurt	yogourt (m)
ёнғоқ	yong'oq	noix (f)
ёрма	yorma	gruau (m)
жавдар	javdar	seigle (m)
жем	jem	confiture (f)
жигар	jigar	foie (m)
заҳарли қўзиқорин	zaharli qo'ziqorin	champignon (m) vénéneux
зайтун	zaytun	olives (f pl)
зайтун ёғи	zaytun yog'i	huile (f) d'olive
занжабил	zanjabil	gingembre (m)
заъфарон	za'faron	safran (m)
зира	zira	cumin (m)
зиравор	ziravor	condiment (m)
зоғорабалиқ	zog'orabaliq	carpe (f)
илвасин	ilvasin	gibier (m)
илонбалиқ	ilonbaliq	anguille (f)
исмалоқ	ismaloq	épinard (m)
иссиқ	issiq	chaud (adj)
ичимлик сув	ichimlik suv	eau (f) potable
иштаҳа	ishtaha	appétit (m)
йертут	yertut	fraise (f) des bois
калмар	kalmar	calamar (m)
калория	kaloriya	calorie (f)
камбала	kambala	flet (m)
карам	karam	chou (m)
картошка	kartoshka	pomme (f) de terre
картошка пюреси	kartoshka pyuresi	purée (f)
кашнич	kashnich	coriandre (m)
кечки овқат	kechki ovqat	dîner (m)
киви	kivi	kiwi (m)
клюква	klyukva	canneberge (f)
кокос ёнғоғи	kokos yong'og'i	noix (f) de coco
коктейл	kokteyl	cocktail (m)
колбаса	kolbasa	saucisson (m)
консерва	konserva	conserves (f pl)
конфет	konfet	bonbon (m)
коняк	konyak	cognac (m)
косача	kosacha	tasse (f)
кофе	kofe	café (m)

креветка	krevetka	crevette (f)
крем	krem	crème (f) au beurre
крижовник	krijovnik	groseille (f) verte
кунгабоқар ёги	kungaboqar yog'i	huile (f) de tournesol
кунжут	kunjut	sésame (m)
курка	kurka	dinde (f)
кўк чой	ko'k choy	thé (m) vert
кўкат	ko'kat	verdure (f)
лаққа балиқ	laqqa baliq	silure (m)
лавлаги	lavlagi	betterave (f)
лавр япроги	lavr yaprog'i	feuille (f) de laurier
лангуст	langust	langoustine (f)
лешч	leshch	brème (f)
ликёр	likyor	liqueur (f)
ликопча	likopcha	soucoupe (f)
лимон	limon	citron (m)
лимонад	limonad	limonade (f)
лисичка	lisichka	girolle (f)
ловия	loviya	haricot (m)
лосос	losos	saumon (m)
маёнез	mayonez	sauce (f) mayonnaise
мазали	mazali	bon (adj)
майиз	mayiz	raisin (m) sec
маймунжон	maymunjon	mûre (f)
макарон	makaron	pâtes (m pl)
маккажўхори	makkajo'xori	maïs (m)
маккажўхори	makkajo'xori	maïs (m)
маккажўхори бодроқ	makkajo'xori bodroq	pétales (m pl) de maïs
малина	malina	framboise (f)
манго	mango	mangue (f)
мандарин	mandarin	mandarine (f)
маргарин	margarin	margarine (f)
маринадланган	marinadlangan	mariné (adj)
мармелад	marmelad	marmelade (f)
мева	meva	fruit (m)
мевалар	mevalar	fruits (m pl)
минерал сув	mineral suv	eau (f) minérale
мол гўшти	mol go'shti	du bœuf
муз	muz	glace (f)
музқаймоқ	muzqaymoq	glace (f)
музлатилган	muzlatilgan	congelé (adj)
музли	muzli	avec de la glace
мураббо	murabbo	confiture (f)
мухомор	muxomor	amanite (f) tue-mouches
начинка	nachinka	garniture (f)
нок	nok	poire (f)
нон	non	pain (m)
нонушта	nonushta	petit déjeuner (m)
нўхат	no'xat	pois (m)
оқ қўзиқорин	oq qo'ziqorin	cèpe (m)
оқ вино	oq vino	vin (m) blanc
оқсиллар	oqsillar	protéines (f pl)

олабуға	olabug'a	perche (f)
олма	olma	pomme (f)
олхӯри	olxo'ri	prune (f)
олча	olcha	cerise (f)
осётр гӯшти	osyotr go'shti	esturgeon (m)
официант	ofitsiant	serveur (m)
официантка	ofitsiantka	serveuse (f)
оч ранг пиво	och rang pivo	bière (f) blonde
очқич	ochqich	ouvre-bouteille (m)
очқич	ochqich	ouvre-boîte (m)
ош қошиғи	osh qoshig'i	cuillère (f) à soupe
ошқовоқ	oshqovoq	potiron (m)
ошхона	oshxona	cuisine (f)
палтус	paltus	flétan (m)
папайя	papayya	papaye (f)
парҳез	parhez	régime (m)
паштет	pashtet	pâté (m)
петрушка	petrushka	persil (m)
печене	pechene	biscuit (m)
пиво	pivo	bière (f)
пиёз	piyoz	oignon (m)
пирог	pirog	gâteau (m)
пирожное	pirojnoe	gâteau (m)
писта	pista	pistaches (f pl)
пицца	pitstsa	pizza (f)
пичоқ	pichoq	couteau (m)
пиширилган	pishirilgan	cuit à l'eau (adj)
пишлоқ	pishloq	fromage (m)
подберёзовик	podberyozovik	bolet (m) bai
помидор	pomidor	tomate (f)
порция	portsiya	portion (f)
пудинг	puding	pudding (m)
пӯст	po'st	peau (f)
райҳон	rayhon	basilic (m)
редиска	rediska	radis (m)
реза мева	reza meva	baie (f)
реза мевалар	reza mevalar	baies (f pl)
рецепт	retsept	recette (f)
ром	rom	rhum (m)
сабзавотлар	sabzavotlar	légumes (m pl)
сабзи	sabzi	carotte (f)
салқин ичимлик	salqin ichimlik	rafraîchissement (m)
салат	salat	laitue (f), salade (f)
салат	salat	salade (f)
санчқи	sanchqi	fourchette (f)
сардина	sardina	sardine (f)
сариёғ	sariyog'	beurre (m)
саримсоқ	sarimsoq	ail (m)
сарсабил	sarsabil	asperge (f)
селд	seld	hareng (m)
селдерей	selderey	céleri (m)
сёмга	syomga	saumon (m) atlantique

сирка	sirka	vinaigre (m)
сироежка	siroejka	russule (f)
скумбрия	skumbriya	maquereau (m)
сметана	smetana	crème (f) aigre
сморчок	smorchok	morille (f)
совуқ	sovuq	froid (adj)
сон гўшти	son go'shti	cuisse (f)
сосиска	sosiska	saucisse (f)
соя	soya	soja (m)
спагетти	spagetti	spaghettis (m pl)
спиртли ичимликлар	spirtli ichimliklar	boissons (f pl) alcoolisées
стакан	stakan	verre (m)
сув	suv	eau (f)
судак	sudak	sandre (f)
сули	suli	avoine (f)
сут	sut	lait (m)
сутли коктейл	sutli kokteyl	cocktail (m) au lait
сутли кофе	sutli kofe	café (m) au lait
таом	taom	plat (m)
таом	taom	nourriture (f)
таомнома	taomnoma	carte (f)
тарвуз	tarvuz	pastèque (f)
тарелка	tarelka	assiette (f)
тариқ	tariq	millet (m)
таъм	ta'm	goût (m)
тил	til	langue (f)
тилимча	tilimcha	tranche (f)
тиш кавлагич	tish kavlagich	cure-dent (m)
товуқ	tovuq	poulet (m)
томат шарбати	tomat sharbati	jus (m) de tomate
торт	tort	tarte (f)
треска	treska	morue (f)
туз	tuz	sel (m)
тузланган	tuzlangan	salé (adj)
тунец	tunets	thon (m)
тухум	tuxum	œuf (m)
тухум қуймоқ	tuxum quymoq	les œufs brouillés
тухумлар	tuxumlar	les œufs
тухумни оқи	tuxumni oqi	blanc (m) d'œuf
тухумни сариғи	tuxumni sarig'i	jaune (m) d'œuf
тушлик	tushlik	déjeuner (m)
тўқ ранг пиво	to'q rang pivo	bière (f) brune
увилдириқ	uvildiriq	caviar (m)
углеводлар	uglevodlar	glucides (m pl)
угра	ugra	nouilles (f pl)
узум	uzum	raisin (m)
укроп	ukrop	fenouil (m)
ун	un	farine (f)
урвоқ	urvoq	miette (f)
устрица	ustritsa	huître (f)
ўрдак	o'rdak	canard (m)

ўрик	o'rik	abricot (m)
ўрмон ёнғоғи	o'rmon yong'og'i	noisette (f)
ўсимлик ёғи	o'simlik yog'i	huile (f) végétale
форел	forel	truite (f)
хрен	xren	raifort (m)
хурмо	xurmo	datte (f)
чайналадиган резинка	chaynaladigan rezinka	gomme (f) à mâcher
черника	chernika	myrtille (f)
чой	choy	thé (m)
чой қошиғи	choy qoshig'i	petite cuillère (f)
чойчақа	choychaqa	pourboire (m)
чўртанбалиқ	cho'rtanbaliq	brochet (m)
чўчқа гўшти	cho'chqa go'shti	du porc
шампан виноси	shampan vinosi	champagne (m)
шарбат	sharbat	jus (m)
шафтоли	shaftoli	pêche (f)
ширин	shirin	sucré (adj)
шоколад	shokolad	chocolat (m)
шоколадли	shokoladli	en chocolat (adj)
шолғом	sholg'om	navet (m)
штопор	shtopor	tire-bouchon (m)
шўрва	sho'rva	soupe (f)
янги сиқилган шарбат	yangi siqilgan sharbat	jus (m) pressé
ясмиқ	yasmiq	lentille (f)